# L'ART D'AIMER

# Les Livres

## ET DE

## LES CONNAITRE

### LETTRES A UN JEUNE BIBLIOPHILE

#### PAR

## JULES LE PETIT

*Eaux-Fortes de Alfred Gérardin*

## PARIS

### Se vend chez l'Auteur

22, RUE DE CHATEAUDUN, 22

1884

L'ART D'AIMER

# Les Livres

ET DE

## LES CONNAITRE

IL A ÉTÉ TIRÉ

CENT EXEMPLAIRES DE LUXE

40 sur papier du Japon, numérotés de 1 à 40.
60 sur papier Whatman, numérotés de 41 à 100.

*Ils contiennent tous une double épreuve, tirée en bistre,
de chaque eau-forte.*

# L'ART D'AIMER

# Les Livres

ET DE

## LES CONNAITRE

LETTRES A UN JEUNE BIBLIOPHILE

PAR

## JULES LE PETIT

*Eaux-Fortes de Alfred Gérardin*

## PARIS

### Se vend chez l'Auteur

22, RUE DE CHATEAUDUN, 22

1884

# PRÉFACE

*Habent sua fata libelli!*

# DÉCLARATION

L'IDÉE de réunir ces lettres vient du jeune amateur auquel elles ont été adressées. Si le volume qu'elles composent peut être agréable à quelques bibliophiles et être utile à un certain nombre d'autres, l'auteur sera trop heureux ; il aura obtenu le résultat auquel il n'ose prétendre. En effet, ce livre n'a pas, certes, la prétention d'être un traité bibliographique, mais simplement un petit recueil de conseils, donnés avec conviction et sincérité par un ami plus expérimenté à son ami plus jeune.

L'auteur a tâché d'éviter les redites qu'on

rencontre souvent dans la plupart des ouvrages de bibliographie. Il n'a voulu, dans
ses lettres, rien copier de ce qui a été écrit
avant lui. Son volume est sans doute bien
incomplet, mais il peut être mis à côté des
ouvrages du même genre, sans craindre la
confrontation. Il le considère tout au plus
comme un appendice aux livres qui ont déjà
paru sur le même sujet.

C'est au destinataire des lettres que le lec-
teur doit s'en prendre s'il n'est pas content.
Le « jeune bibliophile », dans ce cas, devra
se souvenir de la leçon, et ne pas pousser
l'auteur à livrer au public les *Nouvelles
Lettres* qu'il continue d'écrire.

# L'ART

## D'AIMER LES LIVRES

### ET

### DE LES CONNAITRE

LETTRES A UN JEUNE BIBLIOPHILE

## I

Vous êtes-vous bien rendu compte, mon cher ami, des scrupules qu'on doit éprouver lorsqu'il s'agit de guider quelqu'un sur ce terrain fleuri, mais semé de pierres et de ronces, qu'on nomme la bibliophilie? Avez-vous compris que c'est là, pour moi, une tâche fort délicate, je dirai même très difficile, surtout par le temps qui court ? Cependant je l'accepte résolument, persuadé que si mes conseils ne sont pas toujours en accord avec vos goûts, ils auront au moins pour vous le mérite d'être dictés par l'expérience, et non par une fantaisie hors de saison « en ce grave sujet ». Enfin, vous m'avez demandé quelques observations sur le goût nouveau que je n'ai pas peu contribué à vous inculquer ; ces observations, les voici. Je vous les donne avec autant de plaisir que peu de préten- tion, et je souhaite qu'elles puissent vous être au moins utiles. Il m'est d'ailleurs si agréable de vous les transmettre, que vous n'aurez guère de gré à m'en savoir, et je serai presque votre obligé, car c'est pour moi un vrai bonheur que de parler de livres avec quelqu'un qui les aime.

Oui, vous aimez maintenant les livres, ou plu- tôt vous avez toujours eu ce goût intelligent, car je me rappelle que même dans votre enfance vous étiez déjà heureux lorsque vous aviez un livre en main. Mais à cette époque-là, vous aimiez les livres comme on les aime au collège. On les cherche avec avidité, pour les dévorer en cachette, entre deux leçons, au nez et à la barbe du pion, qui vous voit plus souvent qu'on ne pense, mais qui a parfois aussi le bon esprit de ne pas remarquer que vous travaillez vos devoirs dans un volume d'Alexandre

Dumas, de Xavier de Montépin, ou de Ponson du Terrail. Ce sont là les livres qu'on préfère, à cet âge où l'on est avide d'apprendre, curieux de connaître la vie sous les apparences séduisantes que savent lui donner les romanciers. Mais on est à ce moment-là tout simplement ce qu'on pourrait appeler un *liseur :* une fois les volumes lus et relus, on les jette impitoyablement dans un coin quelconque, après toutefois en avoir régalé à l'envi tous ses camarades ; et l'on s'inquiète peu si les feuillets en seront détériorés, salis de poussière ou d'encre, et si la brochure ou la reliure en seront brisées ou disloquées. Ce ne sont pas encore les livres qu'on aime alors, c'est à peine la lecture.

On ne commence à devenir *bibliophile* que lorsque le goût de la lecture s'étant épuré, et le jugement étant venu tempérer l'imagination, on éprouve le besoin de relire de temps en temps, avec plus d'attention, certains ouvrages dont le sujet ou le style nous ont plu. C'est l'art, pour ainsi dire, que l'on cherche dans un livre qu'on lit de nouveau, c'est la forme du style, c'est l'ornementation des pensées, c'est leur vêtement, ce sont les broderies riches ou légères dont elles sont parées, les diamants d'esprit qui y étincellent ; et le sort du livre dépend souvent de ce second examen, bien plus que du premier. En effet, on jette rarement, à moins qu'il ne vaille rien, un livre qu'on n'a lu qu'une fois, toujours promptement comme on lit d'abord ; mais si, après la nouvelle épreuve, le style n'a pas plu, et si les pensées n'ont pas été assez puissantes pour nous séduire, nous fermons le livre avec dédain, et c'en est fait de lui. Au bout de peu de temps, lorsqu'il nous gêne, nous l'envoyons grossir les étalages des bouquinistes du quai, où il fait connaissance avec les amateurs placides de la « fameuse boîte à cinq sols ». Que devient-il ensuite ?... Les épiciers, les marchands de tabac ou les chiffonniers, nous le diraient plus facilement que qui que ce soit ; mais nous ne leur demandons aucun compte.

Il en est bien autrement si le livre, nous ayant frappé une première fois, supporte avec succès un second examen, une seconde lecture. Oh ! alors le voilà déjà classé dans les rayons de notre bibliothèque, où il attend plus ou moins longtemps la reliure qui lui est propre, et que nous lui ferons faire à coup sûr un jour ou l'autre. Désormais le volume est sauvé. Nous le traitons avec soin, nous le choyons avec délicatesse, nous veillons à ce qu'il se conserve intact, nous nous faisons tirer fortement l'oreille pour le prêter même à nos amis, et en cela nous faisons bien. *Nunquam amicorum !* disait franchement un bibliophile mort il y a peu de temps, et qui avait attaché cette devise catégorique à tous les volumes de sa bibliothèque. Il est vrai que ceci est la contre-partie d'une autre devise bien moins égoïste, employée par quelques amateurs, entre autres par l'éminent bibliophile du XVIe siècle, qui avait fait graver sur ses livres : *Jo. Grolierii et amicorum ;* mais je ne crois pas que Jean Grolier et ses imitateurs aient été sincères. Peut-être cependant les amis de ces hommes généreux étaient-ils appelés à l'immense satisfaction d'admirer de temps à autre, à travers des vitrines, les splendides reliures qu'ils faisaient exécuter. Dans ce cas, je comprends la portée de leurs devises, qui étaient à vrai dire tant soit peu hypocrites. Je le maintiens, les vrais amateurs ne prêtent pas leurs livres, même à des amis.

Quand on en est là, on se sent déjà bibliophile. On commence à choisir l'édition, le format, la belle impression, le beau papier, on cherche un bon relieur, auquel on recommande de ne pas rogner les marges... Enfin ce que l'on aime, ce n'est plus seulement la lecture, c'est à présent le livre lui-même ; et il semble vraiment que l'œuvre de l'auteur ou du poète soit plus belle et ait plus de mérite, étant renfermée dans cette édition, que dans un volume vulgaire.

C'est ici seulement, mon cher ami, que l'on com-

mence à avoir besoin de consulter des gens expérimentés ; à moins de faire comme beaucoup d'amateurs irréfléchis, qui « s'instruisent à leurs dépens »,
et dont les dépens sont souvent si considérables que
le dégoût des livres ne tarde pas à s'emparer d'eux.
Car, toute question de goût personnel à part, il faut
avoir déjà certaines connaissances, pour distinguer
les bonnes éditions des mauvaises, pour savoir choisir entre les textes fautifs, entre les productions
typographiques qui flattent l'œil sans avoir d'autre
mérite, et les belles et simples impressions si recherchées des vrais amateurs. Il faut être déjà connaisseur surtout pour reconnaître la qualité des
reliures, et ne pas se laisser séduire par des apparences éblouissantes, sous lesquelles sont quelquefois présentées des reliures médiocres, qui ne possèdent souvent pas d'autres avantages beaucoup
plus sérieux.

Et voilà autant de choses qu'il est bien difficile
d'expliquer dans de simples lettres et même dans
un ouvrage quelconque de bibliographie. Tout ce
que l'on pourra écrire en théorie sur ce sujet sera
toujours fort incomplet, mais aura cependant l'avantage de mettre les jeunes ou les nouveaux amateurs
en garde contre l'envahissement des ouvrages sans
mérite.

Vous, mon ami, par exemple, qui m'avez tant

prié de vous écrire mes conseils, vous ne serez
certes pas, après les avoir lus, un aigle en bibliographie ; mais un peu d'étude et d'habitude aidant,
vous pourrez arriver, en appliquant les idées que
je vous aurai transmises, à connaître suffisamment
les livres pour vous former une bibliothèque assez
bien choisie.

En général, pour ce qui concerne la qualité du
texte de telle ou telle édition nouvelle, on s'en
rapporte à l'opinion des critiques éclairés qui
ne manquent pas de rendre compte dans leurs
journaux de chaque livre qui paraît. De même,
pour les textes d'éditions anciennes, on peut consulter les recueils de critique littéraire du temps,
quand on les a sous la main, ou, lorsqu'on n'a pas
la facilité de se les procurer, prendre l'avis des
bibliographes modernes, qui ont condensé dans des
manuels spéciaux la substance de ces critiques. Il
est encore bon très souvent de s'en rapporter à la
tradition, car le public est un excellent juge et les
idées qui se transmettent de génération en génération, aussi bien sur des ouvrages littéraires que
sur des faits historiques, reposent ordinairement sur
des bases sérieuses.

Je suis encore d'avis qu'après avoir pris conseil
de ces différents côtés, on s'en rapporte définitivement à soi-même, à son goût personnel, pour choi-

sir entre les bons ouvrages, en éditions belles et correctes, ceux qui conviennent le mieux à ses idées personnelles, à son tempérament, à ses lectures de prédilection.

Dans mes prochaines lettres, je tâcherai de vous indiquer, tout en flânant, quelques ouvrages utiles à consulter, et j'essaierai de vous dire quel serait à peu près le choix que je ferais pour vous, si j'avais la mission de vous composer une bibliothèque en rapport avec les goûts que je vous connais.

Sur ce, mon cher ami, je vous laisse en paix, à « vos chères études », et je forme pour vous le souhait de Dupuis et Cotonet : « Que les Dieux immortels vous assistent et vous préservent des romans nouveaux, » car vous n'y trouverez pas grand'chose de bon.

## II

UOIQUE vous soyez encore bien jeune, mon ami, pour aimer à collectionner, — il paraît que ce goût est le privilège de l'âge mûr et de la vieillesse, — je vous vois acheter, acheter encore, sans relâche, acheter toujours des volumes qui viennent rapidement remplir votre bibliothèque. Savez-vous que je suis presque effrayé de cette ardeur fiévreuse. Prenez garde, croyez-moi, d'arriver bientôt à l'encombrement, je dirais presque à la satiété. J'espère bien plutôt vous trouver un jour, qui n'est peut-être pas éloigné, vous faisant, en face de votre amas de livres, ces réflexions assez naturelles : « Que vais-je faire de tout ce fouillis ? Comment vais-je le classer? Qu'y a-t-il de bon dans tout cela? Combien de volumes m'intéressent vraiment, au milieu de ces rayons pleins à double ou triple étage? Où vais-je loger les bons et beaux ouvrages que je dois acheter désormais? Car enfin je ne vais pas m'arrêter en si beau chemin, et puisque je suis pris de la noble passion des livres, — je suis dans un âge où il faut donner aux passions un libre cours, — je veux marcher en avant dans cette voie charmante que je me suis tracée. Mais je suis menacé d'un engloutissement complet, d'une asphyxie terrible, sous des avalanches de bouquins, qui me suffisaient au temps de mon inexpérience, mais qui m'offusquent aujourd'hui. Je commence à éprouver le besoin de respirer largement. Mes poumons et mes goûts de bibliophile demandent désormais une atmosphère plus pure. Il faut élaguer, épurer, trier, rejeter tout ce qui est inutile ou nuisible dans ma bibliothèque. Allons, à l'œuvre! et du courage! Soyons impitoyable pour les mauvais livres, même pour les livres médiocres! Place aux bons! je ne veux plus désormais avoir que de ceux-là. Et s'il ne me reste enfin qu'un volume sur dix ou vingt, ce sera bien, j'aurai eu de l'énergie; s'il ne m'en reste qu'un sur cent ou même sur mille, ce sera encore mieux, j'aurai fait preuve de goût, car ce serait déjà merveilleux si parmi les innombrables produc-

tions du cerveau humain, les bons ouvrages exis-
taient même dans cette dernière proportion. Puisque j'ai acheté jusqu'ici sans discernement, il est
temps que j'expie ma faute, et je ne veux désormais
agir qu'avec prudence, en bibliophile éclairé. »

Bonnes résolutions, mon cher ami ! qui nous
viennent toujours tôt ou tard, en cela comme en
bien d'autres choses, et que nous avons un certain
mérite à mettre en pratique. Car il faut avoir une
grande volonté pour vaincre ses habitudes, surtout
les mauvaises !... Ainsi je vous engagerai à ne pas
trop vous abandonner à votre caractère indécis, et
à vous tracer à l'avance un but en bibliophilie,
comme vous devez en avoir un dans votre existence
morale. Dites-vous : « Je veux que ma bibliothèque
ait tel ou tel caractère et que tous les ouvrages qui
la composeront concourent à lui donner ce carac-
tère-là. » Vous avez, par exemple, un goût très
prononcé pour la littérature et les beaux-arts, plutôt que pour les sciences, ou la théologie, vous
devrez vous attacher à donner à votre bibliothèque
un caractère littéraire et artistique ; et ces deux
séries formeront à elles seules une réunion importante d'ouvrages, autour desquels vous pourrez
encore grouper quelques volumes d'un autre genre,
qui auront un peu de rapport avec ceux-là. Les
livres de théologie, de jurisprudence, de mathéma-

tiques, de sciences exactes quelconques, pourront sans inconvénient n'y être que faiblement représentés, si là n'est pas votre goût. Mais vous serez toujours forcément obligé d'y admettre un certain nombre d'ouvrages d'histoire, de voyages, de biographie, qu'il est agréable de pouvoir consulter de temps en temps, sur des faits, des hommes, ou des pays, auxquels les autres livres nous reportent nécessairement.

Que d'autres amateurs, tout aussi éclairés, mais ayant des goûts différents, achètent presque exclusivement des livres de sciences, ou des livres religieux, ou des livres de droit, c'est leur affaire, et ils ont aussi bien raison que vous. Ce doit même vous être une satisfaction, car vous n'êtes pas exposé à les avoir pour rivaux dans vos acquisitions. Mais que leurs conseils ne vous fassent pas vous écarter du but que vous poursuivez, de même que vos raisonnements, si persuasifs qu'ils fussent, n'arriveraient pas à les détourner eux-mêmes de leurs idées! Nous n'avons ni les uns ni les autres, que diable! la manie d'être universels; et le bibliophile qui aurait la prétention de former une bibliothèque complète, ou seulement d'avoir tous les livres intéressants, me paraîtrait assez semblable aux gens qu'on appelle des *paniers percés* et qui se figureraient avec leurs bienheureux *paniers* arriver un jour à réunir la fortune de Rothschild ; il me semblerait attelé à un travail pareil à celui d'une dame de l'antiquité qu'on appelait Pénélope, ou encore au labeur fatigant et peu récréatif de ces demoiselles de la fable qu'on nommait les Danaïdes.

J'espère bien, mon ami, que ce n'est pas la prétention dont je viens de parler qui vous conduit à vous encombrer ainsi de bouquins, et je vous attends au jour prochain de l'*épuration*.

Je sais bien que votre éducation est encore à faire sur ce point, et que vous ne pouvez devenir en quelques semaines ou même en quelques mois docteur ès sciences bibliographiques ; que vous ne pouvez pas, en si peu de temps, avoir appris à connaître les bonnes éditions, les volumes rares et précieux, les reliures des différentes époques, les provenances, etc., quand il y a des gens, même du métier, qui s'occupent de tout cela depuis quarante ou cinquante ans, et qui n'y connaissent pas encore grand'chose. Mais avec votre intelligence et vos aptitudes naturelles, avec votre goût passionné pour les beaux et bons livres, vous devez « doubler vos classes » et arriver en peu de temps à de grandes et sérieuses connaissances bibliographiques.

Vous trouverez peut-être bien puéril le conseil que je vais vous donner, d'acquérir sans retard les principaux ouvrages de bibliographie et de les consulter invariablement lorsque vous désirez acheter un volume qui vous a plu ; car vous possédez sans doute déjà quelques-uns de ces ouvrages. Mais je l'ignore et je vais vous les citer, comme si vous n'en connaissiez aucun.

Je mets en première ligne, comme le plus important, le plus sérieux de tous, le *Manuel du libraire et de l'amateur de livres,* de Jacques-Charles Brunet, qui en est à sa cinquième édition, datée de 1860-1865, la seule que je vous recommande, en attendant la sixième, que des continuateurs de Brunet ne tarderont sans doute pas à donner, pour mettre ce livre au courant des découvertes nouvelles, et aussi des goûts nouveaux. Cet ouvrage, véritable monument de patience et d'érudition, est indispensable à tout amateur sérieux ; et malgré les imperfections et les erreurs, très rares du reste, que l'on ne peut manquer de rencontrer par-ci par-là, dans un ouvrage de descriptions et de recherches, contenant pas moins de six gros volumes grand in-8°, de plus de dix-huit cents colonnes chacun, ce livre est jusqu'ici le plus complet et le mieux compris qui existe sur ce sujet. Si vous ne l'avez pas, je vous engage à en faire de suite l'acquisition.

A l'époque où J.-Ch. Brunet rédigeait et publiait son *Manuel,* la mode en bibliophilie était différente de ce qu'elle est aujourd'hui. Ainsi il y a tels ou-

vrages, assez nombreux, du XVIII<sup>e</sup> siècle, illustrés
de gracieuses et légères figures, que l'on ne prisait
guère alors, et qui sont arrivés aujourd'hui à atteindre des prix fabuleux, disputés qu'ils sont par un
grand nombre d'amateurs. L'auteur du *Manuel du
libraire*, d'accord du reste avec les bibliophiles de
son temps, traite ces ouvrages assez dédaigneuse-
ment et ne leur attribue qu'une valeur presque
infime. En cela je ne puis le blâmer ; car ce qui
devrait être le meilleur dans un livre c'est le fonds,
c'est le texte ; et franchement le texte des ouvrages
en question, le fonds, la partie importante enfin,
manque absolument de style, de talent, d'idées et
de littérature.

La nouvelle génération d'amateurs qui s'est formée depuis dix ou quinze ans, a décidé que la plupart des livres du XVIII<sup>e</sup> siècle méritaient d'être
recherchés, pour la grâce et le charme de leurs
illustrations. On ne peut pas empêcher la mode de
régner en maîtresse là comme ailleurs, et d'imposer
sa loi aussi bien en ce qui est du domaine de la
curiosité qu'en ce qui regarde la toilette, le goût,
les idées, même la morale. On ne peut pas l'arrêter,
cette déesse capricieuse, dans sa course à travers
les siècles, qu'elle parcourt comme un papillon
impatient passe à travers l'espace azuré, en laissant
autour de lui la légère fraîcheur de ses ailes agitées

et un scintillant reflet de ses riches couleurs. Et la
légèreté, la grâce de ce papillon nous séduit, nous
charme tous, qui que nous soyons, de même que
quel que soit notre caractère, sérieux ou triste, gai
ou morose, nous arrivons tous à sacrifier un jour ou
l'autre à cette divinité entraînante et fantasque.

La mode donc, ayant de nos jours mis en lumière
les ouvrages illustrés du XVIII° siècle, on s'est em-
pressé de fabriquer, trop à la hâte peut-être pour
qu'ils soient parfaits, des ouvrages spéciaux pour
décrire ces sortes de livres. Je vous recommanderai
d'avoir le *Guide de l'amateur de livres à figures
du XVIII° siècle,* par Henry Cohen, dont une quatrième édition a paru l'année dernière. Il ne faudra
pas toutefois vous figurer que cet ouvrage soit sans
défaut et qu'il faille s'y fier aveuglément. Non, il
faut même le consulter avec une certaine réserve,
car on y trouve d'assez nombreuses inexactitudes,
qui, je l'espère, seront un jour corrigées, et surtout
des omissions. Mais il n'en est pas moins très utile
et donne d'excellents renseignements sur un grand
nombre de livres à figures.

Il ne faut pas manquer de vous munir aussi des
*Supercheries littéraires dévoilées,* de Quérard, et
du *Dictionnaire des anonymes et pseudonymes,* de
Barbier, ces deux ouvrages indiscrets, qui vous
feront connaître, à votre grande joie, des noms véri-

tables d'écrivains que ces pauvres diables avaient
pris tant de peine à cacher. Une nouvelle édition
vient d'être publiée depuis quelques années, par
MM. Gustave Brunet et Pierre Jannet pour le premier de ces ouvrages, et par MM. Olivier Barbier,
René et Paul Billard, pour le second. C'est celle-là
que je vous recommande comme très soignée et
beaucoup plus complète que toutes les autres.

A côté de ces trois grands ouvrages, qui résument
à peu près tout l'historique des livres depuis le commencement de l'imprimerie, surtout si l'on y ajoute
des ouvrages de bibliographie moderne comme la
*Bibliographie romantique* de Ch. Asselineau, il est
utile d'avoir le recueil intéressant de Otto Lorenz,
*Catalogue général de la Librairie française,* dont
plusieurs volumes ont déjà paru, depuis 1867 à nos
jours. Vous y trouverez décrits brièvement ou cités,
par ordre alphabétique d'auteurs, tous les livres
parus depuis 1840 environ. Je vous engagerai à
acheter encore un modeste volume de renseignements pratiques, que l'on appelle *Connaissances
nécessaires à un bibliophile.* Cet ouvrage qui a pour
auteur et pour éditeur Édouard Rouveyre, est
rempli de détails sur tout ce qui a rapport aux
livres, leur fabrication, leur format, leur impression, leur papier, leur reliure, etc., et vous y
trouverez d'excellents conseils sur tout ce qui vous

3

intéresse, aujourd'hui que vous voilà décidément bibliophile. Ce petit manuel pratique en est, à l'heure qu'il est, à sa troisième édition, qui n'a pas suivi de loin la première, malgré les corrections et augmentations que l'auteur a dû y faire.

Je pourrais vous citer aussi comme bons à acquérir différents autres ouvrages de bibliographie spéciale ou particulière, dont j'aurai prochainement l'occasion de dire quelques mots. Aujourd'hui je me tiens dans les généralités. Et quand je vous aurai parlé du *Repertorium bibliographicum*, de Hain, dans lequel sont décrits de nombreux volumes des premiers temps de l'imprimerie, des *incunables* enfin, ouvrage dont je vous conseillerais l'achat, si vous aviez le désir de réunir un certain nombre de ces raretés typographiques, je terminerai ma lettre en vous souhaitant beaucoup de chance dans vos recherches, un peu moins de fol enthousiasme pour ce qui est bouquin, et un peu plus de goût et de méthode dans vos acquisitions.

# III

AUJOURD'HUI que tout le monde est en vacances, et que vous-même vous paraissez moins disposé à songer aux livres qu'aux délices de la villégiature, vous me permettrez bien, mon cher ami, de faire trêve un instant à mes arides citations bibliographiques. J'éprouve le besoin de flâner un peu, tout en ne négligeant pas le cher sujet qui nous occupe l'un et l'autre. Flânons donc, si vous voulez. Philosophons, sentimentalisons.

Je vous raconterais bien, si cela pouvait vous intéresser, comment je suis devenu le bibliophile passionné que vous connaissez ; mais c'est tout un roman, et vous pourriez en trouver le récit aussi

long que peu amusant. Je n'en prendrai que la con-
clusion, qui est celle-ci : « Souvent l'amour des
livres suit de près ou aspire à remplacer un autre
attachement, plus charmant sans doute, mais aussi
beaucoup plus fragile, lorsque ce sentiment vient
à être détruit par une cause quelconque. »

Il est probable, mon ami, que vous avez dû
éprouver, comme moi, comme nous tous, au moins
une fois dans votre vie, quoiqu'elle soit très courte
encore, une désillusion, un chagrin d'amour, une
douleur de famille, une tristesse poignante enfin.
Vous avez versé d'abondantes larmes, si vous pleu-
rez facilement ; vous avez souffert en silence d'une
façon bien cruelle, si vous n'avez pas les larmes
faciles ; vous avez peut-être crié, tempêté, blasphé-
mé, si vous êtes d'une nature violente. Et puis, un
jour le calme est revenu peu à peu, la mélancolie a
remplacé tout doucement la tristesse, vous avez
senti le besoin de vous souvenir et d'occuper un
peu votre âme endolorie. Je parierais qu'à ce moment-là vous avez pris un livre, dans lequel vous
avez cherché, sinon une distraction, qu'on ne
cherche guère quand on souffre, au moins une occu-
pation apparente, ne fût-ce que pour forcer les
indifférents à vous laisser en paix. Vous avez lu
d'abord machinalement, en pensant à votre chagrin ; puis quelques mots au hasard vous ont frappé,

vous y avez apporté un peu d'attention, vous avez
relu ce que vos yeux n'avaient pas aperçu d'abord ;
enfin, vous avez pris quelque intérêt à votre volume et vous l'avez au moins parcouru sérieuse-
ment. Le temps a passé ainsi d'une façon assez
rapide. Vous vous êtes mis à rêver presque autant
à votre lecture qu'à votre douleur : s'il était tard,
vous vous êtes sans doute endormi en songeant à
l'une et à l'autre, et votre pauvre cœur a été aussi
un peu soulagé.

Je suis persuadé qu'elles sont fréquentes ces
sortes de guérisons de l'âme par la lecture ; et si
l'on s'en rendait bien compte, le nombre des bibliophiles augmenterait dans de grandes proportions.
Ils auront beau faire, ces médecins du corps, que
l'immortel Molière a si spirituellement ridiculisés...
tout en suivant leurs prescriptions ; ils auront beau
se dire possédés de la science infuse, qu'ils soient
astrologues ou alchimistes, physiologistes ou patho-
logistes, homéopathes ou allopathes, phlébotomistes
ou hydropathes, énergiques ou expectants, qu'ils
viennent du nord ou du midi, des extrémités de
l'équateur ou des limites des pôles, qu'ils aient étudié à Paris ou à Pékin, en France ou en Amérique,
qu'ils soient disciples d'Hippocrate ou de Galien,
d'Ambroise Paré ou d'André Vesale, de Nélaton
ou de Claude Bernard, ils ne réussiront jamais à

guérir le mal qui a son siège profondément caché au fond du cœur, et qui a pour cause une douleur morale, une déception ou un chagrin quelconque.

Et je mets en fait que la méthode de traiter un grand chagrin par l'essai de la lecture d'un ou de plusieurs livres intéressants a produit de nombreux et merveilleux effets.

En voulez-vous une preuve, entre mille? Si intime qu'elle soit, vous me la pardonnerez. Elle me fournit l'occasion de parler d'une de mes plus chères amitiés, je ne laisserai pas échapper cette occasion, au risque d'être accusé par vous de prolixité.

Un de mes amis donc, Gustave B..., que vous connaissez, une nature loyale et dévouée, un homme doué d'un doux et joyeux caractère, avait perdu il y a quelques années son père, pour lequel il avait une véritable adoration. La mort avait été subite et la nouvelle était venue foudroyer ce pauvre fils au milieu d'une intime réunion joyeuse comme lui. A partir de ce moment douloureux, mon pauvre ami était tombé dans une tristesse mortelle. Une prostration presque complète pendant le jour était suivie de longues nuits d'insomnie, pendant lesquelles il souffrait d'affreuses tortures morales et physiques. Ceux qui lui étaient dévoués avaient bien fait leur possible pour apporter des consolations à cette pauvre âme brisée. Amis et amies

avaient employé en vain pour le soulager toutes
les ressources de leur affection. Il en était arrivé
à ne plus voir personne, et s'enfermait en donnant
l'ordre d'éconduire qui que ce fût. Moi-même, un
compagnon de jeunesse et de joie, comme aussi un
compagnon fidèle de souffrance et de malheur, je
n'avais plus que très difficilement accès auprès de
lui. J'avais fini par lui envoyer un jour, sous enve-
loppe, avec une lettre des plus affectueuses, cette
seule strophe d'un poète qui a bien su, hélas! ce
que c'était que la souffrance.

> Oh non ! je n'irai pas, sous son toit solitaire,
> Troubler ce juste en pleurs, par le bruit de mes pas
> Car il est, voyez-vous, de grands deuils sur la terre,
> Devant qui l'amitié doit prier et se taire.
>     Oh! non, je n'irai pas!

Ces vers que le pauvre Hégésippe Moreau avait
dû écrire dans une circonstance analogue à celle où
je me trouvais, me semblaient si bien appropriés à
la situation, qu'ils m'avaient vivement frappé.

Le lendemain je reçus une réponse de mon malheureux ami (c'était la première fois qu'il répondait
depuis son chagrin). Après m'avoir remercié, il me
suppliait de lui dire de suite d'où venaient les
beaux vers que je lui avais adressés, et il exprimait
le désir de lire la pièce tout entière. Je m'empressai

non seulement de lui copier en entier la *Fauvette du Calvaire,* mais encore je lui portai le recueil entier du poète, le *Myosotis,* et j'y joignis à tout hasard les *Méditations* de Lamartine. Cette fois, mon ami m'accueillit avec la même tristesse rêveuse et froide, mais avec moins de sauvagerie. Il me pria même de lui lire la pièce d'où j'avais tiré la strophe que je lui avais envoyée. Pendant que je lisais, avec une bien grande émotion, je l'avoue, des larmes, d'abord furtives et ensuite plus libres et plus abondantes, s'échappaient de ses yeux. Bientôt sa douleur éclata, et aux dernières strophes il s'élança dans mes bras, en poussant des gémissements à fendre le cœur. Il était sauvé, mais pas encore guéri ; il pouvait pleurer, c'était déjà beaucoup.

Au bout de quelques jours il m'écrivit une lettre touchante, dans laquelle il me remerciait avec effusion de lui avoir donné des volumes, qui, disait-il, lui avaient fait un bien infini, avaient relevé son âme prête à se laisser décourager, et avaient apporté un grand soulagement à son chagrin. Il me priait de lui choisir quelques autres livres et de venir les lui porter moi-même, parce qu'il avait le désir de causer longuement avec moi.

J'y courus le jour même, accompagné de plusieurs volumes, des poésies de Lamartine, de Victor Hugo, d'Alfred de Musset, des *Paroles d'un Croyant,*

de Lamennais, de l'*Amour,* par Michelet, d'un
volume d'Edgar Quinet, d'un volume de Taine,
d'un volume de voyage de Théophile Gautier, etc.
Ce pauvre B... me reçut avec une affectueuse cor-
dialité, et me pria de venir le voir tous les jours,
pour l'aider de mon amitié à supporter sa douleur ;
je ne manquai pas à ces amicales visites.

Malheureusement, à peine commençait-il à se
remettre, qu'un chagrin d'une autre nature vint
de nouveau troubler son cœur, bien malade encore.
Il apprit un jour qu'une jeune fille qu'il aimait
tendrement depuis longtemps, et qu'il avait peut-
être le secret espoir d'épouser, quoiqu'il ne l'avouât
pas ou qu'il ne s'en rendît pas compte lui-même,
venait d'être fiancée et allait se marier dans quelques mois. Dire quelle fut son émotion serait impossible. J'étais près de lui au moment où il reçut
cette nouvelle : il devint tout à coup d'une pâleur
mortelle, un tremblement nerveux s'empara de lui,
et il resta pendant plusieurs minutes sans pouvoir
parler ; j'eus une peur affreuse, je croyais qu'il allait
mourir.

Enfin, au bout d'un quart d'heure, lorsqu'il put
respirer, il me prit la main et me la serrant convul-
sivement : « Je puis te dire adieu, mon bien cher
ami, me dit-il d'une voix étouffée, car je suis perdu,
je ne survivrai pas à cette nouvelle douleur. J'avais

mis dans mon attachement pour cette enfant, tout ce que mon cœur contenait de tendresse, d'amour, de pureté, de générosité, d'espérance enfin. Maintenant, c'est fini, deux de mes plus chères affections viennent de m'être enlevées depuis quelques mois, il ne me reste plus qu'à mourir et j'espère que cela ne tardera pas. »

Malgré tous les efforts que je fis pour le consoler un peu, il resta plusieurs jours dans un état déplorable. Je craignais de ne pouvoir le sauver. Tout à coup, je me rappelai l'effet qu'avaient produit sur lui les vers que je lui avais envoyés quelques mois auparavant, et j'eus l'idée d'employer de nouveau le même moyen de salut. En causant avec le pauvre garçon, dont la tristesse était désespérante, je pris négligemment un des volumes que je lui avais apportés depuis quelque temps déjà, et je me mis à lire, en ayant l'air de ne prendre que peu d'intérêt à la conversation.

— Tu ne m'écoutes plus, je t'ennuie, me dit ce pauvre B..., avec un ton de triste reproche; je le comprends, la société d'un homme chagrin et morose comme moi n'est pas bien agréable.

— Mon cher ami, tu te trompes parfaitement, malgré ta perspicacité habituelle ; je suis loin de m'ennuyer près de toi. Mais pardonne-moi un moment de distraction, je lisais de si jolis vers à l'endroit où j'ai ouvert ce livre, que j'ai voulu achever la pièce. Maintenant, si tu veux causons.

Et je fermais le livre, tout en me rappelant bien la page où j'avais lu.

Les gens qui souffrent, soit moralement, soit physiquement, sont naturellement curieux ; aussi mon cher B..., ne me tint pas quitte ainsi.

— Quels étaient ces vers ? me demanda-t-il. Crois-tu qu'ils m'intéresseraient ?

—ꞌ Oh oui ! j'en suis sûr.

— Veux-tu me les montrer ? Je ne lis plus depuis que j'ai tant de chagrin. D'ailleurs je n'ai plus de goût pour rien, même pour la lecture.

Je saisis promptement l'occasion, comme on le pense bien, et voici les vers que je lus à mon pauvre malade :

Quand on est petit, on lit pour apprendre ;
Pour se souvenir on lit, étant vieux ;
La vie est un livre écrit pour les cieux,
Qu'on relit toujours sans y rien comprendre.

Le commencement ressemble à la fin,
Comme le berceau ressemble à la tombe ;
Le siècle le prend au siècle qui tombe,
Pour le repasser à l'autre, demain.

Ainsi va le monde autour de ce livre.
Puisqu'il faut apprendre avant de mourir,
Lisons doucement pour nous souvenir,
Car le souvenir aide l'homme à vivre.

Que chaque feuillet du livre éternel
Nous compte des jours passés en prière.
Puisqu'il faut laisser le corps à la terre,
Que l'âme ait les yeux ouverts sur le ciel !

Ces vers, écrits par un jeune poète, Léon Séché, sur un exemplaire d'*Évangeline,* de Longfellow, étaient si bien de circonstance, que j'avais cru ne pouvoir trouver mieux, pour appuyer le conseil que je voulais donner à mon triste ami, de tâcher de lire pour se distraire. Il me demanda, en effet, de les lui répéter deux fois, et ensuite il me promit d'en lire lui-même un certain nombre d'autres tous les jours.

Il dut tenir sa parole, car, peu de temps après, il me priait de lui prêter de nouveaux volumes, poésie et prose, me disant qu'il voulait lire beaucoup.

Bien plus, au bout de quelques semaines, il se décida à acheter un bon nombre de livres, que je lui aidai à choisir, et peu à peu, en continuant ses acquisitions, il est arrivé à posséder une des biblio-thèques les plus intéressantes (cela ne veut pas dire les plus chères ni les plus volumineuses) que l'on puisse trouver.

Il y a quelque temps, je m'étais hasardé à lui parler un peu de ses chagrins, j'avais même fait une allusion amicale à ses anciennes amours, tout en ménageant délicatement la susceptibilité de ce

grand et excellent cœur : « Oh! mon cher ami!
s'écria-t-il, prends bien garde, tu remues des cendres
encore bien chaudes, que les larmes n'ont pas encore
entièrement noyées. C'est égal, toutes mes passions, toutes mes affections ont été pour moi des
sources de souffrances. Seule, la passion des livres,
— car, j'en suis possédé de plus en plus, grâce à toi,
— ne m'a procuré que des satisfactions et des consolations. Aussi tu vois que je m'y suis consacré
d'une façon assez sérieuse. J'ai trop souffert, comme
tu le sais, pour songer désormais à me marier;
restant seul ainsi, je pourrai employer une partie
de ma fortune à acheter des livres. Puisque mon
plus grand plaisir maintenant est de lire, je veux
donner à mes nouveaux et mes plus stables amis
une large place dans ma demeure. »

Chaque fois que je le rencontre, ce cher Gustave,
il me parle chaleureusement de ses lectures et de sa
bibliothèque; il cite encore avec mélancolie des
noms chers autrefois, mais il ne paraît plus disposé
à mourir.

Ma lettre d'aujourd'hui ne vous aura pas égayé,
mon ami, mais elle vous aura prouvé que l'amour
des livres et de la lecture n'est pas un sentiment ou
un goût vulgaire, et qu'on peut souvent y trouver
de sérieuses consolations. Un grand bibliophile,
Pixerécourt, avait fait imprimer cette maxime dans

tous les ouvrages de sa bibliothèque : « Un livre est un ami qui ne change jamais. » Sans admettre cette pensée mot à mot, car on peut faire observer que le mot *changer* n'est peut-être pas ici toujours exact, puisque l'*ami* en question change de temps en temps de... propriétaire, et aussi quelquefois de reliure, j'y trouve cependant une idée profonde et philosophique qui me plaît beaucoup. Je préférerais, je l'avoue, cette devise ainsi modifiée et plus vraie : « Un livre est un ami qui ne *trahit* jamais. »

Oui, les livres sont des amis, des compagnons dévoués ; et ils ont cet avantage sur les autres, — je ne dis pas cela pour vous, mon cher ami, — que, quelle que soit notre humeur, la disposition de notre esprit, ils nous offrent toujours, avec le même calme et la même fidélité, des conseils et des distractions aux misères et aux douleurs de la vie.

Et vous ajouterez, vous, en faisant allusion à cette longue lettre, que vous avez bien été obligé de lire jusqu'au bout : « Au moins, ces amis-là, on a le droit de ne pas les lire, quand leur prose vous ennuie. » N'est-ce pas que j'ai raison ?

IV

ANS une lettre précédente, je vous don-
nais le conseil de n'acheter qu'à bon
escient les livres qui vous sont utiles
ou qui peuvent procurer une satisfac-
tion durable à votre esprit de bibliophile. Je vous
faisais presque un reproche de l'empressement que
vous mettiez à encombrer vos armoires. Qu'allez-
vous donc me répondre aujourd'hui, quand j'aurai
continué à vous énumérer une série d'ouvrages
bibliographiques, — assez encombrants, — que je
vous engage à acquérir ?

Les volumes de cette nature sont, il est vrai, de
bonne composition et vous pouvez, sans le moindre
inconvénient, les reléguer dans un casier ouvert de

votre cabinet de travail. Vos bibliothèques n'en
souffriront donc pas ; je dis plus : ces ouvrages
seront beaucoup mieux là que dans un meuble
fermé. Vous pourrez les consulter plus facilement.
— Ne les mettez pas loin de la portée de votre
main, afin de pouvoir les prendre sans trop vous
déranger. Il existe maintenant des casiers tournants
à quatre faces, qui vous rendront, dans ce cas, de
vrais services.

Revenons à notre énumération.

En fait de bibliographies spéciales, je vous ai
cité le *Guide de l'amateur d'ouvrages illustrés du*
XVIIIᵉ *siècle,* par Henri Cohen. Il est bon d'avoir, à
côté de cet ouvrage, le volume du baron Roger
Portalis, intitulé *les Dessinateurs d'illustrations*
*au* XVIIIᵉ *siècle.* Vous, mon ami, qui recherchez les
bons dessins et les belles gravures, vous lirez avec
fruit et avec satisfaction ce livre intéressant, écrit
avec esprit et simplicité, par un amateur éclairé,
homme du monde et agréable écrivain.

M. le baron R. Portalis a publié depuis, en
collaboration avec un autre amateur, Henri
Draibel (M. Henri Béraldi), les *Graveurs du*
XVIIIᵉ *siècle,* gros ouvrage en 3 volumes in-8°,
plein de renseignements sur l'art gracieux de
l'époque de Louis XV et de Louis XVI. Les graveurs qui se sont adonnés plus particulièrement à

l'illustration des livres y occupent une large place.

Comme vous le savez sans doute, puisque vous suivez les ventes publiques de livres, on recherche beaucoup depuis plusieurs années les ouvrages du XVIIIᵉ siècle. On en était même arrivé, il y a peu de temps encore, à faire de véritables folies pour posséder quelques-uns de ces livres illustrés, que les amateurs (même ceux d'aujourd'hui) traitèrent avec tant de dédain pendant un demi-siècle au moins. Mais, comme l'exprime aussi brièvement que clairement un proverbe français, « tout lasse, tout casse, tout passe. » Les bibliophiles, même les plus riches, se sont lassés de couvrir d'or certains livres du XVIIIᵉ siècle, qui n'ont pour tout mérite que de gracieuses illustrations. D'ailleurs la plupart des grands amateurs étaient arrivés à les posséder. Et comme l'élévation des prix en avait fait sortir un bon nombre des greniers poudreux ou des bibliothèques délaissées, la rareté n'existant plus au même degré, les prix de tous ont nécessairement baissé un peu.

D'un autre côté, les bibliophiles nouveaux, non encore habitués à voir le Pactole rouler ainsi ses flots d'or autour de quelques livres ornés de gravures, ont commencé par acheter avec prudence, en tâtant un peu le terrain, qui leur semblait tant soit peu mouvant. Ces néophytes sont sans doute les grands bibliophiles de l'avenir, mais, pour le moment, ils se contentent de livres modestes, qu'ils trouvent à des prix raisonnables. Et ils attendent des temps *plus doux* pour acquérir les volumes illustrés que la mode actuelle a trop surfaits.

Chose digne de remarque et qui m'a souvent donné l'occasion de philosopher, le goût des amateurs de toutes sortes tend aujourd'hui à se rapprocher des objets de fabrication plus récente, soit en meubles, soit en objets de luxe de différente nature, soit en livres. Nous devenons positifs et pratiques ; et aucune époque n'ayant, comme la nôtre, travaillé au point de vue des besoins matériels et du bienêtre, nous fixons nos désirs sur les objets de toute nature, qui peuvent le plus contribuer à remplir ce but. Et comme notre époque n'est pas douée d'une imagination merveilleuse, nous nous bornons à faire imiter les objets des siècles passés, mais en laissant l'industrie moderne y donner son cachet utilitaire.

Or, les livres du XIXe siècle sont eux-mêmes imprimés dans des formats plus commodes ; le papier est plus beau, au moins en apparence, et souvent plus fort ; les caractères d'impression sont plus nets et moins fatigants pour les yeux. Et les bibliophiles nouveaux prennent tout cela en sérieuse considération. Ces livres coûtent aussi moins cher que les beaux livres anciens, autre considération tout aussi sérieuse que la première. Les amateurs se sont donc mis à acheter les livres du XIX<sup>e</sup> siècle.

De là l'idée de rédiger quelques guides, pour reconnaître les bons et beaux ouvrages de notre époque. C'est ce qui a donné naissance à divers ouvrages particuliers, comme la *Bibliographie* (et *Iconographie*) *de l'œuvre de Béranger,* volume très bien fait, dont l'auteur, M. Jules Brivois, est un fanatique du grand poète chansonnier et possède la plus belle collection connue de toutes ses éditions.

Nous avons vu ensuite paraître successivement des bibliographies spéciales pour les œuvres de Victor Hugo, H. de Balzac, Alexandre Dumas, Pétrus Borel, rédigées avec soin par M. Ad. Parran, soit sous son nom, soit sous la signature : « Un bibliophile cévenol. » La *Bibliographie des œuvres a'Alfred de Musset,* minutieusement établie par M. Maurice Clouard, nous fournit sur les livres du poète des détails curieux et fort peu connus. La bibliographie des ouvrages de Théophile Gautier a été bien faite par M. Maurice Tourneux.

Il y a quelques années, M. Paul Lacroix avait dressé la *Bibliographie Moliéresque,* l'*Iconographie Moliéresque,* la *Bibliographie Cornélienne,* volumes importants et remplis de détails curieux. M. Bengesco avait déjà publié l'année dernière la *Biblio-*

*graphie des œuvres de Voltaire,* ouvrage de patience et de recherches difficiles, consciencieuses, non exempt, certes, de fautes et d'erreurs, mais utile à consulter. M. Louis Dangeau (Louis Vian) avait publié aussi la *Bibliographie des œuvres de Montesquieu,* très bien rédigée. Un bibliophile aussi modeste que distingué a commencé la publication anonyme d'une série de bibliographies par la *Bibliographie et iconographie des œuvres de Regnard,* en un excellent petit volume paru en 1878. On attend impatiemment les autres.

La science bibliographique est entrée de nos jours dans des détails si précis, qu'on publie non seulement des traités spéciaux à chaque écrivain, mais encore des monographies relatives aux différentes éditions d'un seul ouvrage.

C'est ainsi que M. Henry Harrisse, l'auteur d'un grand et excellent traité intitulé *Bibliotheca Americana,* nous a donné la *Bibliographie de Manon Lescaut,* étude dont la seconde édition a paru avec des modifications et des augmentations, en 1877. Je vous recommande ce livre, si vous avez le désir d'acheter un jour ou l'autre une édition originale, ou rare, ou remarquable, de l'immortel roman de l'abbé Prévost.

Un petit livre moderne, tout spirituel et gracieux, a eu l'honneur d'être ainsi *monographié.* Ce

sont les *Contes Rémois,* de M. de Chevigné. Une
*Bibliographie des Contes Rémois,* a paru en 1880,
rédigée avec soin par le D^r Bougard.

Pour moi, j'avoue que je préfère de beaucoup à
tous ces manuels pleins de recherches si minutieuses, presque byzantines, un volume que j'ai lu
avec un charme infini, et dans lequel j'ai trouvé, en
dehors d'un style de maître, des aperçus délicieux
et des réflexions remplies de bon sens, sur les livres
et sur les bibliophiles. Je vous cite le titre de cet
ouvrage en dernier lieu, vous recommandant tout
particulièrement de l'acquérir. Il est intitulé : *le
Livre et la petite bibliothèque d'amateur,* par M. Gustave Mouravit.

Vous trouverez dans une superbe publication
périodique, *le Livre,* publié par M. Quantin, sous
la direction de M. Octave Uzanne, de très intéressants documents sur tout ce qui se rapporte au
monde littéraire, aux livres et aux bibliophiles.
*L'art de former une bibliothèque,* par Jules Richard, petit volume paru chez Rouveyre et Blond,
est d'une lecture attrayante.

Plusieurs ouvrages plus ou moins spéciaux
seraient aussi utiles à consulter de temps à autre,
pour quiconque tiendrait à ne pas se tromper, —
ou à se tromper le moins possible. Par exemple,
des traités sur diverses collections typographiques

comme celles des Alde, des Estienne, des Elzevier.
Je vous parlerai de tout cela en temps opportun. Et
puis franchement, mon ami, il ne faut pas sacrifier
trop de temps à étudier tous les ouvrages de bibliographie. Vous finiriez par devenir trop expert en
l'art de connaître les livres, et telle est bizarre notre
nature, qu'il y a beaucoup à parier qu'alors vous
commenceriez à les moins aimer. Tant il est vrai
que nous éprouvons toujours un certain charme à
cheminer à travers l'inconnu, et qu'il se mêle souvent une certaine satisfaction à l'ennui d'être
trompé ou de se tromper soi-même.

V

MAINTENANT que vous êtes suffisamment
pourvu d'ouvrages de bibliographie,
d'outils de travail, de guides, en un
mot, vous pourrez acheter avec plus
de sécurité ce qui aura quelque attrait pour vous,
ce qui vous paraîtra intéressant. Sans vouloir
influencer votre goût, je vous dirai, puisque vous
me le demandez, comment j'aurais procédé pour
former ma bibliothèque, si la Fortune avait daigné
me favoriser, et comment on peut agir pour composer une collection intéressante, lorsqu'on est dans
une situation relativement modeste.

Avant tout permettez-moi de vous rappeler ce
que Jules Janin a dit de sensé, de nouveau et d'in-

téressant dans un petit livre fort joli, et bien écrit, mais dont le principal mérite est d'être rare : *l'Amour des livres :* « N'achetez aujourd'hui que si vous avez lu, d'un bout à l'autre, le livre acheté il y a deux mois, il y a six semaines. Furetière demandait un jour à son père de l'argent pour acheter un livre. — « Or çà, répondait le bon-« homme, il est donc vrai que tu sais tout ce qu'il « y avait dans l'autre acheté la semaine passée? » C'était bien répondre. »

Je ne suis pas d'avis de prendre à la lettre le conseil du bon gros critique, qui n'a jamais dû connaître à fond la passion des livres, ni la joie intime que nous procure l'acquisition d'un volume souhaité, ni le serrement de cœur qu'on éprouve à voir passer en d'autres mains l'objet qu'on espérait obtenir.

Non certes, il n'est pas absolument indispensable de lire tous les volumes, au fur et à mesure qu'on les achète, avant d'en acquérir d'autres. Cependant l'idée de l'auteur était bonne ; il a voulu évidemment mettre en garde les bibliophiles contre l'entraînement des occasions favorables et les empêcher d'encombrer leurs vitrines de livres qu'ils ne liront sans doute jamais. Et en cela il a raison. Le premier motif qui doit nous pousser à acquérir un ouvrage, c'est le désir de le lire, soit immédiate-

ment, soit plus tard, dans des moments de loisir. Il
arrive bien souvent, hélas ! que ces moments-là ne
viennent pas vite ou ne viennent jamais ; on n'en
achète pas moins toujours des livres qu'on se pro-
pose aussi de reprendre un jour, et qui, en attendant, viennent occuper à côté des autres une place
d'où ils ne seront pas vite dérangés.

Mais la bibliothèque formée dans ces conditions
offrira toujours de l'intérêt ; car vous trouverez là,
sous la main, des volumes dont le texte aura eu
pour vous un certain attrait, et que vous pourrez
consulter, ne fût-ce qu'un instant, si vos idées vous
y conduisent ou si la conversation vous y ramène.

Eh ! mon Dieu, quel est donc l'homme, si érudit
qu'il soit, si universelles que soient ses connaissances, si vaste que soit sa mémoire, qui n'a pas
besoin quelquefois de retremper un peu son esprit,
son imagination ou sa science, dans la lecture de
quelque livre de poésie, de littérature, d'histoire?
S'il possède ces livres chez lui, il les ouvre juste à
point pour rafraîchir sa mémoire, préciser son
érudition ou même reposer son cerveau. Tandis
que s'il est obligé d'attendre, de faire des démar-
ches pour se procurer le livre, d'aller à une bibliothèque publique, son impression est perdue, l'effet
bienfaisant est manqué, et la consultation de l'ouvrage devient presque inutile.

Cela conduit à engager les bibliophiles, et vous en particulier, mon ami, à choisir soigneusement les ouvrages qui doivent être en rapport avec vos goûts, avec votre situation, je dirais presque avec votre entourage.

Voilà des principes bons à suivre pour ce qui concerne les livres à lire, soit pour l'utilité soit pour l'agrément. Mais il arrive quelquefois qu'un bibliophile peut s'écarter des préceptes de Jules Janin et même de ceux qui se trouvent consignés dans la première partie de la présente lettre. C'est lorsqu'il s'agit de volumes dont le texte n'offre peut-être que peu d'intérêt, mais dont la reliure, par exemple, a un mérite artistique ou porte un chiffre, des armoiries qui indiquent une provenance célèbre, ou encore lorsqu'un personnage éminent a écrit dans ce livre des notes manuscrites qui en font une relique ou un souvenir.

Dans ce cas, le désir de la possession du livre (désir très respectable, du reste) devient une sorte de sentiment, qui est quelquefois de l'admiration, plus rarement de la piété, et bien souvent de l'orgueil, de la vanité, la satisfaction de posséder un objet qu'on montrera à des amis, à des rivaux peut-être, qui ne peuvent en trouver un autre semblable.

Bien des bibliothèques de nos grands collection-

neurs modernes ont été composées évidemment
sous l'influence des idées ci-dessus développées ou
de ces divers sentiments. Pour moi, j'avoue que,
dans mon petit cadre, j'ai eu souvent pour guide
les unes, et je n'ai pas pu me défendre moi-même
des autres. Ma conscience est, dans tous les cas,
bien tranquille, car je suis sûr que mes bons
confrères en bibliophilie ne raisonnent pas autrement. Nous autres collectionneurs, nous sommes
quelquefois de grands égoïstes, pour ne pas dire de
grands envieux, qui mettons notre joie à exciter
chez les autres le regret de ne pas posséder l'équi-
valent de ce que nous possédons nous-mêmes, et
qui sommes vexés de voir nos semblables agir de
même à notre égard.

Après cet aveu, mon ami, si vous me conservez
toujours vos sympathies, c'est que vous avez le
cœur grand et l'esprit indulgent pour nos petites
faiblesses, cher et aimable confrère.

Maintenant, pour vous faire oublier un peu ces
méchancetés, que je viens de lancer à nos camarades et dont quelques-unes vont aller à votre
adresse, maintenant, dis-je, que vous êtes des nôtres,
j'entre en plein dans le cœur de mon sujet.

Vous m'avez avoué votre prédilection pour les
ouvrages exclusivement littéraires, c'est-à-dire les
livres de poésie, de théâtre, les romans, la critique.

Je commencerai donc mon énumération par ceux-
là. Cependant vous me permettrez bien, chemin
faisant, de ne pas négliger entièrement les livres
d'art ou d'histoire, qui ont un grand intérêt et
rentreront bien dans vos goûts, j'en suis sûr.

Il y avait à peine trente ans que l'imprimerie ou
plutôt la typographie était inventée, lorsqu'on
publia la première édition du poète des poètes, sous
le titre : *Homeri opera* (en grec), et avec la mention : *Florentiæ, sumptibus Bernardi et Nerii Ner-
liorum,* avec la date de 1488, édition en 2 gros
volumes in-folio, imprimés en lettres rondes et non
avec les caractères gothiques qui avaient été jusque-
là le plus souvent employés. Si vous rencontrez un
jour ces deux volumes, qui sont d'une insigne rareté, je vous engage à les acquérir, fût-ce même à
un grand prix. C'est un livre précieux et une superbe édition, fort bien imprimée. Un exemplaire a
atteint du reste le prix de 4,000 francs dans une
vente publique des années dernières, la vente de
M. Renard, de Lyon. Il fut acquis par M. Eugène
Paillet.

Je vous signale ce livre de haute curiosité, comme
je vous citerai le Virgile, *Virgilii opera,* édition
princeps, que l'on croit imprimée en 1469, et portant la mention : *Romæ, per Conradum Suueyn-
heym et Arnoldum Pannartz ;* format petit in-

folio, également en caractères ronds, dits romains. Après cela je vous laisserai momentanément tranquille pour l'acquisition des premières éditions d'auteurs anciens, et nous passerons à des ouvrages plus modestes. Il est bon d'avoir quelques-uns de ces volumes rarissimes et capitaux, que les amateurs appellent des *clous* de collection; mais pas trop n'en faut, croyez-moi. Laissons ces objets de musées aux grands dépôts publics, où il nous est facile d'aller les admirer, je ne dis pas les lire, car on les lit beaucoup mieux dans de belles et bonnes éditions plus récentes.

Et, comme cette lettre devient un peu longue, j'abrège et je vous dirai prochainement quels sont les ouvrages à choisir, parmi ceux de nos écrivains français qui méritent d'entrer dans une bibliothèque d'élite.

Mais auparavant je vous conseille de commencer déjà à faire le catalogue de vos livres. A mesure que vous achetez un volume, croyez-moi, inscrivez-le tout de suite sur une fiche mobile, en indiquant bien soigneusement le titre (abrégé, si c'est utile), le nom de l'éditeur et celui de l'imprimeur, la date, le format et la reliure. Si vous tardiez davantage à commencer ce travail, le nombre de vos volumes augmentant tous les jours, vous arriveriez promptement à vous décourager, voyant trop de besogne

en retard. Votre bibliothèque ne pourrait qu'être
en désordre, car vous seriez obligé de vous fier à
votre mémoire pour retrouver vos livres, et la
meilleure mémoire fait quelquefois défaut. Tandis
qu'avec des fiches, sur lesquelles vous indiquez la
place de chaque volume, cela n'est pas à craindre

Lorsque les fiches faites sont en certain nombre,
vous les classez par ordre alphabétique de noms
d'auteurs, car vous avez eu soin d'écrire le nom en
tête de chaque fiche ; et aussitôt que vous en avez
une nouvelle, vous la placez immédiatement à son
rang, pour ne pas avoir de lacunes. Si tous les
bibliophiles suivaient cette méthode, ils s'épargne-
raient bien des ennuis.

# VI

ORSQUE je vous ai cité les éditions premières d'Homère et de Virgile, vous
avez cru sans doute que j'allais con-
tinuer à vous énumérer par ordre de
dates, toute une série de volumes *di primo cartello,*
qui pourraient entrer dans les galeries de tous les
grands amateurs.

Rassurez-vous. Je sais qu'on n'arrive à acquérir
ces ouvrages de haute valeur qu'après un assez long
noviciat, timide qu'on est encore sur un terrain
qu'on ne connaît guère ou même qu'on ne connaît
pas. Les amateurs nouveaux ou jeunes, ayant une
certaine fortune, feront bien de commencer par
l'acquisition des ouvrages réunis ou séparés de nos

grands classiques du XVII$^e$ siècle, Shakspeare, Malherbe, Corneille, Molière, Racine, La Fontaine, Boileau, Bossuet, Pascal, Fénelon, La Bruyère, La Rochefoucauld, Regnard. Outre que la lecture de leurs chefs-d'œuvre présente toujours un nouvel attrait, le vrai bibliophile éprouve un certain charme à posséder les éditions que ces écrivains ont publiées eux-mêmes, surtout lorsque les éditions suivantes ont subi des modifications, comme cela est arrivé fréquemment à toutes les époques.

Donc, mon ami, quand vous rencontrerez quelque pièce séparée ou quelque ouvrage de ces auteurs, en édition originale, je vous engage fortement à l'acquérir. Vous n'aurez jamais à le regretter, pourvu toutefois que vous ne fassiez pas, pour les posséder, les folies que les amateurs trop pressés de jouir ont faites dans ces dernières années. En effet, depuis dix ou douze ans le prix de ces livres n'avait pas cessé de s'élever, dans des proportions considérables; et il y a deux ou trois ans, on ne pouvait pas obtenir une édition originale de chaque pièce de Molière, Corneille et Racine, par exemple, à moins de 1,000 à 2,000 francs et plus quelquefois. Il était curieux de se rappeler, en constatant ces prix, que moins de quarante ans auparavant, à la première vente Taschereau, par exemple, faite vers 1845, les mêmes éditions se donnaient pour 3 à 16 francs.

Aussi ces livres, qui étaient fort rares lorsqu'on ne les recherchait pas, se rencontrent-ils beaucoup plus souvent aujourd'hui. L'appât de l'argent et la spéculation en ont fait exhumer un certain nombre des recoins négligés ou même des grandes bibliothèques séculaires. Et tout cela a passé dans de petites mais précieuses collections, auxquelles on a donné, je ne sais pourquoi, le nom assez vague de *cabinets,* n'osant pas les appeler des bibliothèques. Mais comme beaucoup de ces livres, non encore placés chez des amateurs, s'étaient accumulés chez les libraires, il en est résulté une baisse assez considérable dans les prix. Actuellement on peut trouver de beaux exemplaires des éditions séparées dont il s'agit, pour 500 à 1,000 francs.

Il faut en excepter cependant trois pièces, qui sont d'une rareté insigne et que plusieurs bibliophiles attendent et souhaitent ardemment, l'édition originale du *Cid,* de Corneille, 1637, in-4°; l'édition originale de *Sganarelle,* de Molière, 1660, in-12, et l'édition originale des *Plaideurs,* de Racine, 1669, in-12. Leur prix serait certainement trois ou quatre fois plus élevé que celui des autres. J'ai été assez heureux pour découvrir un exemplaire de l'édition originale des *Femmes sçavantes,* de Molière, daté de 1672, tandis que ceux que l'on connaît sont datés de 1673. Ce doit être là un livre très précieux.

**7**

Les éditions collectives de Corneille, datées de 1644 à 1664, ont encore beaucoup d'intérêt ; quelques-unes des premières sont cotées fort cher et sont très recherchées. Il en est de même des réunions d'œuvres de Molière, portant une des dates de 1666, 1673, 1674, 1679, 1682, et des œuvres réunies de Racine datées de 1675 à 1697. Cette édition de 1697 du grand tragique fut encore revue par lui et on n'en donna plus d'autre de son vivant. Les *Pensées* de Pascal, 1670, in-12, et les *Lettres d'un provincial,* 1657, in-4°, les *Réflexions ou sentences et maximes morales,* de La Rochefoucauld, 1665, et les *Caractères,* de La Bruyère, 1688, sont encore assez chers.

Les premières éditions séparées ou collectives des autres classiques que nous avons cités plus haut, sont également recherchées, et il est utile de les avoir, surtout les pièces de Regnard qui sont restées au répertoire. *Le Joueur* est très rare.

Quand je vous engage à acheter les éditions *princeps* des grands écrivains du XVIIe siècle, je dois vous paraître bien exclusif. Aussi suis-je d'avis d'étendre ce conseil à tous les auteurs qui ont acquis, par leur génie ou leur talent, le doit d'immortalité ; et afin de ne pas vous condamner à les posséder tous indistinctement, il faut vous laisser le soin de choisir ceux dont les livres vous procurent le plus de satisfaction. Les goûts des biblio-

philes sont si différents, comme les tempéraments
et les caractères, et disons-le, si variables même
chez chacun, suivant les dispositions du moment
et la mode du jour, que ce serait une grande pré-
somption d'espérer de les influencer. Et je ne vous
excepte pas de la loi générale, mon ami.

Cependant, — je suis incorrigible dans mes avis,
mais c'est votre faute, — j'aimerais à voir entrer
chez vous peu à peu des éditions originales de
quelques-uns des ouvrages ou des pièces de Le
Sage, Montesquieu, Voltaire, J.-B. Rousseau, Mari-
vaux, J.-J. Rousseau, Bernardin de Saint-Pierre, sans
toutefois vous attacher à former des collections
complètes de leurs œuvres, ce qui deviendrait
fastidieux, et serait d'ailleurs presque impossible.

*Le Diable boiteux,* édition de 1707, 1 volume
in-12, *Gil-Blas,* publié en trois parties, dans
l'espace de vingt années, savoir 2 volumes en 1715,
1 volume en 1724 et le quatrième volume en 1735,
sont des ouvrages fort intéressants à posséder, mais
d'une grande rareté, de même que la fameuse
comédie *Turcaret,* le chef-d'œuvre théâtral de
Le Sage. Parmi les ouvrages de Montesquieu,
achetez donc les *Considérations sur la Grandeur
des Romains et leur décadence,* 1734, 1 volume
in-12 ; l'*Esprit des loix* (sic), 1748, 2 volumes in-4°,
et les *Lettres persanes,* d'Amsterdam 1721, 2 vo-

lumes petit in-12. Achetez *Manon Lescaut* de 1731,
ou de 1753. Choisissez les meilleures pièces de Mari-
vaux, quelques-uns des plus remarquables ouvrages
de Voltaire et de J.-J. Rousseau, mais surtout pas
toutes les œuvres de ces deux derniers, à moins que
vous ayez d'énormes vides à remplir dans vos armoires et je ne crois pas que vous soyez dans ce cas.

Les éditions admirables qui en ont été données
de 1785 à 1789 pour Voltaire, et de 1793 à 1800
pour J.-J. Rousseau, ont malheureusement l'inconvénient d'encombrer à elles seules un ou plusieurs
rayons de bibliothèques, ou d'être en grand format,
et nos petits appartements modernes ne sont pas
faits pour recevoir de pareilles collections.

N'oubliez pas d'acquérir la jolie édition originale
de *Paul et Virginie,* datée de 1789, et surtout
choisissez un exemplaire en papier vélin, contenant
les 4 figures charmantes de Moreau le jeune et de
J. Vernet, épreuves avant la lettre. Vous le payerez
cher certainement, de 1,500 à 2,000 francs, mais
c'est si rare! Si vous ne tenez pas aux épreuves
avant lettre, vous pourrez avoir le même livre pour
100 francs, en reliure ordinaire. Voyez la différence,
pour une ou deux lignes d'impression en plus ou en
moins! C'est là le cas de faire remarquer que les
épreuves avant lettre sont toujours beaucoup plus
belles et, d'ailleurs, elles se trouvent si rarement,

que les amateurs se les disputent à outrance ; de
là leur prix élevé.

Il a été publié par Didot et l'éditeur Bleuet, à la
fin du siècle dernier, une série de jolis volumes
semblables comme format à *Paul et Virginie*, et
également illustrés de gracieuses vignettes. Ces
petits livres, vrais trésors de typographie et d'art,
sont cotés aujourd'hui très cher, lorsque les exemplaires sont en grand papier vélin, et contiennent
des figures avant lettre, surtout des eaux-fortes,
c'est-à-dire le premier état de morsure de l'acide
sur la planche, avant le modelé au burin. En
général, sauf pour un ou deux, le texte de ces
petits ouvrages n'a guère d'intérêt et ne justifie
nullement l'exagération de prix que ces livres ont
atteinte. Sauf *Manon Lescaut,* qui est dans toutes
les éditions et toujours un admirable ouvrage, et
les *Voyages de Gulliver,* les autres ne signifient
presque rien. C'est, par exemple, *Ollivier,* de Ca-
zotte, *Zélomir* et *Primerose,* de Morel de Vindé,
*Le Temple de Gnide,* de Montesquieu, *Œuvres
choisies* de M^me Deshoulières, *Télémaque,* etc......
Le principal mérite de ces livres consiste dans la
grâce des illustrations et dans la belle typographie.

On pourrait en dire autant de beaucoup d'ouvrages ornés de figures, du XVIII^e siècle, banalités
ou rapsodies, en vers ou en prose, fadeurs éro-

tiques, de Dorat, Piis, Imbert, Berquin, et autres écrivassiers en pourpoint brodé et en coiffures à ramage, dont les volumes n'ont d'autre mérite que d'avoir été illustrés de ravissantes gravures, art aussi faux que la poésie du temps, mais plein de charme et d'élégance raffinée.

C'est la possession de ces volumes qui a souvent excité les amateurs à faire des folies, et, si l'on peut appliquer ici l'expression toute neuve et fort à la mode, c'est pour ces objets dont la vue flatte encore plus les sens que la lecture n'affadit l'esprit, — car on ne les lit guère, heureusement, — que nos bibliophiles contemporains subissent les accès d'une sorte de névrose, hier encore à l'état aigu, aujour-d'hui déjà presque à l'état chronique.

Dieu me garde de censurer ici ce goût du joli et du maniéré, qui ne manque pas de renaître aux périodes de décadence des siècles ou des sociétés. Je sais que ma voix ne trouverait pas d'écho. Mais je n'aime pas les livres nuls, illustrés à si grands frais, et j'avoue comprendre mieux la manie des iconophiles, qui recherchent les gravures tirées à part, c'est-à-dire vierges de ces textes insipides ; car ils ont au moins la certitude d'avoir de meilleures épreuves, et de pouvoir les loger dans un album qui tient moins de place que ces volumineux recueils de platitudes.

J'admets, pour un bibliophile, l'acquisition de livres comme les *Œuvres de Molière,* illustrées par Boucher, en 1734, ou par Moreau, en 1773 ; les *Fables de La Fontaine,* avec nombreuses gravures d'après Oudry, 1755, quoique le grand format in-folio de ces quatre derniers volumes soit bien incommode ; les *Contes de La Fontaine,* avec dessins d'Eisen, 1762, édition des Fermiers généraux ; les *Métamorphoses d'Ovide,* traduction de l'abbé Banier, 1767 à 1771, avec de charmantes gravures d'après les gracieux maîtres de l'époque ; le *Décameron* de Boccace, de 1757, orné de 110 jolies figures, d'après Gravelot, Eisen, Boucher, etc... ; les *Baisers* (de Dorat), 1770, seulement pour les jolies vignettes d'Eisen.... mais j'avoue que peu d'autres livres de cette époque me séduiraient. Je les laisse aux amateurs de gravures, dont je comprends jusqu'à un certain point l'engouement, eu égard à la légèreté de nos mœurs actuelles, qui me paraissent ressembler singulièrement à celles de la même période du siècle dernier.

Vous le voyez, mon ami, j'exprime ici des idées toutes personnelles et je ne vous donne aucun conseil, persuadé qu'il est impossible de tracer au bibliophile une ligne de conduite, pour le guider à travers une époque qui n'eut elle-même d'autre règle que les plaisirs, d'autres principes que la volupté et la galanterie sensuelles.

Après la Révolution on publia très peu de livres de luxe. Je ne veux pas cependant omettre de vous signaler les *Contes de La Fontaine,* édition de 1795, en 2 volumes, grand in-4°, qui ne fut malheureusement pas terminée, quoiqu'elle contienne déjà 20 superbes gravures achevées, d'après Fragonard, Mallet et Touzé. Cette édition, qui devait contenir 80 gravures, eût été l'un des chefs-d'œuvre de typographie et d'art du XVIII° siècle. Le texte seul est complet. Il faut tâcher d'y joindre les épreuves, très rares d'ailleurs, de plusieurs autres planches qui restèrent à l'état d'ébauche.

Cinquante-sept dessins originaux de Fragonard, faits pour ce livre, sont entre les mains de M. Eug. Paillet, qui a eu, d'accord avec M. Rouquette, libraire, la bonne idée de les faire graver à l'eauforte par un artiste de mérite, A.-P. Martial. Vous pourrez compléter à peu près l'édition de 1795 en y joignant les deux premiers états de ces belles eauxfortes.

## VII

Nous voici arrivés à la littérature du XIXᵉ siècle et à la littérature contemporaine. Il me serait plus facile de vous donner ici des conseils, mais je suis persuadé que vous en avez moins besoin que jamais. Nos grands écrivains modernes, soit les romantiques, soit les idéalistes, soit les réalistes, ou les naturalistes, sont assez connus de vous, pour que vous puissiez choisir, parmi leurs œuvres, celles qui sont dignes de votre bibliothèque. Il reste à prendre une décision entre les éditions, souvent nombreuses, qui ont été faites du même livre, et c'est là que le goût du bibliophile a lieu de s'exercer. Je vais essayer de vous guider.

8

Fidèle à mon principe, je vous engage à recueillir, quand vous les trouverez à des prix raisonnables, les premières éditions des ouvrages ou
recueils séparés de nos meilleurs poètes, comme
par exemple, les *Méditations,* de Lamartine, publiées en 1820, aux frais d'un ami, Eug. Genoude,
tant le jeune poète éprouva d'abord de difficultés
à trouver un éditeur. Ce livre est fort recherché et
très cher, de 200 à 300 francs ; les *Harmonies,*
1830, 2 volumes in-8° ; les *Recueillements,* 1839,
2 volumes in-8° ; *Jocelyn,* 1836, 2 volumes in-8° ;
les *Odes* de Victor Hugo, parues en 1822, en petit
format in-18 très modeste, format que le poète ne
tarda pas à changer pour ses autres livres ; les *Nouvelles Odes,* 1825, in-18 ; les *Odes et Ballades,* 1826,
réunies en 1 volume in-18, contenant l'édition originale des *Ballades ;* les *Orientales,* 1829, 1 volume in-8° ; les *Feuilles d'automne,* 1832, 1 volume
in-8° ; ce sont là les plus rares de ses recueils de
poésies. Achetez aussi les *Chants du crépuscule,*
1835, in-8° ; les *Voix intérieures,* 1837, in-8° ; les
*Rayons et les Ombres,* 1840, in-8° ; toutes ses pièces
de théâtre que vous pourrez trouver en premières
éditions, et surtout : *Le Roi s'amuse,* 1832 ; *Marion
de Lorme,* 1831 ; *Lucrèce Borgia,* 1833 ; *Ruy Blas,*
1838 ; *Hernani,* 1830 ; et les *Burgraves,* 1843, ce
drame superbe et grandiose qui, pour n'être pas

facilement jouable à cause du manque de mise en scène, n'en est pas moins l'un des plus beaux poèmes dramatiques de Victor Hugo. Les autres pièces ont moins d'importance ; cependant, *Angelo,* 1834, est d'une grande rareté ; *Marie Tudor,* 1833, est encore difficile à trouver. Quelques-unes de ces pièces ont de curieux frontispices, gravés à l'eau-forte par Célestin Nanteuil, le dessinateur ultra-romantique, qui accentua encore par la verve de son crayon les étrangetés contenues dans plusieurs livres de cette grande école. N'oubliez pas *Notre-Dame de Paris,* 1831, 2 volumes in-8°, dont un exemplaire a atteint jusqu'à 1,650 francs. Mais surtout ne payez pas ce prix-là ; malgré le mérite de l'ouvrage et la rareté de l'édition, ce serait une folie insigne. J'en connais un exemplaire précieux, appartenant à M. Lortic, dans lequel se trouvent des corrections autographes de Victor Hugo, avec sa signature. C'est d'un grand intérêt.

Si vous partagez mon admiration pour le talent d'Alfred de Musset, achetez les premières éditions de ses recueils séparés, soit en vers, soit en prose : *Contes d'Espagne et d'Italie,* son premier volume de vers, publié en 1830, in-8° ; *Un spectacle dans un fauteuil,* vers, 1 volume daté de 1833, et prose, 2 volumes à la date de 1834 ; *la Confession d'un enfant du siècle,* 1836, 2 volumes in-8° ; *les deux Maî-*

*tresses,* et *Frédéric et Bernerette,* parus ensemble en 1840, chez Dumont, et formant 2 volumes in-8°. Tous ces ouvrages ou recueils sont fort recherchés en première édition et se vendent cher, en moyenne 100 à 150 francs le volume, à l'heure qu'il est. Si vous ne tenez pas à payer ces prix, vous pourriez vous contenter des premières éditions de format in-12, publiées par Charpentier, lesquelles sont bien imprimées, et très jolies dans leur simplicité. Dans tous les cas, il est bon d'acquérir aussi les comédies séparées, formant 11 pièces également publiées par Charpentier, et qui donnent le texte légèrement modifié des représentations. Un volume qu'il faut encore avoir, si l'on veut compléter les œuvres en prose, c'est celui qui est intitulé *Nouvelles,* par Alfred et Paul de Musset, dans lequel on trouve : *Pierre et Camille,* et *le Secret de Javotte,* en première édition.

A propos d'Alfred de Musset, et pour compléter les éditions originales de ses œuvres, je pourrais vous engager à acheter sa première publication, faite au sortir du collège, à dix-huit ans, *l'Anglais mangeur d'opium,* paru en 1828, chez Mame et Delaunay-Vallée, 1 volume in-12 ; simple traduction, signée seulement de ses initiales. Mais, outre que ce volume est fort rare et coûte 150 à 200 francs au moins, il est bien peu intéressant, et je ne vous

le signale que dans le cas où votre passion pour le
« poète de la jeunesse » devenant du fanatisme,
vous voudriez accaparer tout ce qu'il a écrit.

J'allais oublier de vous recommander la plus
belle édition des œuvres de Musset, publiée pour
les amis du poète, chez Charpentier, en 1865-1866,
avec une notice biographique du frère de l'auteur.
Cette édition imprimée sur papier de Hollande
grand in-8°, contient de jolies illustrations par
Bida, tirées sur papier de Chine. Elle n'est point
tout à fait complète, et on a signalé quelques omissions ; mais elle offre l'avantage de pouvoir contenir
des gravures assez grandes et les amateurs de livres
illustrés la recherchent pour ce motif. Si vous vous
décidez à lui donner la préférence sur les autres, je
vous conseillerai d'y joindre les belles illustrations
à l'eau-forte de Ad. Lalauze, d'après les aquarelles
de Eugène Lami, que publie en ce moment la
librairie Morgand. Ces compositions ont peut-être
sur celles de Bida l'avantage d'avoir été faites à
l'époque même de l'apparition des différents volumes du poète, et de rendre mieux, d'une façon
plus véridique, certaines scènes qu'il est difficile de
reconstituer à quarante ans d'intervalle. Les cos-
tumes sont aussi ceux du moment, et cela a bien
son importance. Eugène Lami a été un contemporain et un familier de Musset ; il a pu quelquefois

s'inspirer des idées mêmes du poète, d'après sa conversation, et bien comprendre à son contact ce
qu'un autre artiste eût peut-être compris différem-
ment plus tard. Le graveur Ad. Lalauze a su aussi
tirer un bon parti de ces aquarelles, souvent peu
finies et par cela même assez difficiles à interpréter.

J'aimerais à vous voir acquérir plusieurs des
ouvrages d'Alfred de Vigny, toujours en éditions
originales, par exemple : *Cinq-Mars*, 2 volumes
in-8, 1826 ; *Servitude et Grandeur militaires*, 1 volume in-8°, 1835 ; *Stello*, 1 vol. in-8°, avec 3 vignettes sur bois de T. Johannot, 1832 ; ses différents
recueils de poésies, et surtout ses pièces de théâtre,
*la Maréchale d'Ancre*, 1831 ; *Chatterton*, 1835 ;
*le More de Venise*, 1829, toutes de format in-8°.

On recherche en ce moment les ouvrages de
Stendhal (Henry Beyle) ; je comprends qu'on achète
*le Rouge et le Noir*, un de ses plus beaux romans,
1831, 2 volumes in-8° ; *La Chartreuse de Parme*,
et l'*Abbesse de Castro ;* les autres livres de ce grand
écrivain sceptique me séduiraient moins. Pourtant
son ouvrage, *De l'Amour*, paru en 1822, en 2 volumes in-12, m'a vivement intéressé. Un pareil
livre, si hardi et si froidement réaliste, dut faire
sensation au milieu de la littérature plate, fade ou
mystique de ce moment de transition, où l'école
qui se prétendait issue de nos grands classiques

était à l'agonie, et où le romantisme était encore au berceau.

Quoique les différents ouvrages d'Alexandre Dumas aient d'abord été imprimés comme volumes de cabinets de lectures, sur papier médiocre, il est intéressant d'avoir ses principaux romans et ses meilleures pièces. On connaît peu son volume de début en prose : *Nouvelles contemporaines,* petit in-12, paru en 1826 ; il est d'ailleurs très rare. *Henri III et sa cour,* 1829, in-8° ; *Angèle,* 1834, in-8° ; *Antony,* 1831, in-8° ; *Catherine Howard,* 1834, in-8° ; *Térésa,* 1832, in-8° ; sont ses pièces les plus recherchées.

Achetez les *Iambes,* d'Auguste Barbier, publiés chez Urbain Canel et Ad. Guyot, en 1830, in-8°. Ce livre puissant et viril est le seul du poète qui mérite d'entrer dans une bibliothèque bien composée. La première édition est recherchée.

Choisissez quelques volumes de Théophile Gautier, ce grand artiste ciseleur en poésie et en phraséologie, ce « parfait magicien ès langue française », comme l'appelait Baudelaire. Si je ne consultais que mon goût personnel, je vous dirais de commencer par acquérir non pas ses premières œuvres, mais l'un de ses recueils de poésie les plus récents, *Émaux et Camées,* un vrai chef-d'œuvre à tous les points de vue. La première édition, publiée en 1852, chez

Eugène Didier, est un petit bijou typographique, sorti de l'imprimerie de Simon Raçon. Quelques années après, en 1858, les éditeurs Poulet-Malassis et de Broise réimprimèrent ce beau livre augmenté de plusieurs pièces. Leur édition, recherchée aujourd'hui autant que la première, est entièrement en caractères italiques, avec fleurons sur bois en tête de chaque pièce ; c'est une des plus belles publications de ces intelligents imprimeurs-éditeurs.

Le premier recueil, *Poésies de Théophile Gautier*, paru en 1830, chez Ch. Mary, est d'une grande rareté et se vend fort cher, de même que la seconde édition de Paulin, 1833, sous le titre *Albertus ou l'Ame et le Péché*, titre du long poème qui termine le volume. On recherche aussi les *Jeune-France*, romans goguenards, 1835 ; la *Comédie de la Mort*, recueil de poèmes et poésies paru en 1838, dans le format grand in-8° ; les premières éditions de ses différents autres livres, romans ou voyages ; *Fortunio*, 1838 (très rare et l'un de ses plus intéressants romans), *Une larme du diable*, 1839, *Tra los montes*, etc., mais on s'arrache surtout les exemplaires de *Mademoiselle de Maupin*, 1836, 2 volumes in-8°. Dans ces derniers temps la passion des amateurs pour ce livre, lorsqu'il est broché avec les couvertures conservées, est arrivée presque à la folie. Plusieurs exemplaires ont été vendus de 1,000

à 1,500 francs. Quoique grand admirateur du style
éblouissant de Th. Gautier, de cette prose à facettes
de diamants, dont le scintillement vous empêche
de voir que le fond manque quelquefois, je trouve
ce livre bien imparfait, toute réserve faite pour la
préface, qui est un chef-d'œuvre. Je ne comprends
pas qu'on le paye aussi cher. Mais allez donc
parler de raisonnement à des bibliomanes, qui
achètent un livre pour le seul motif qu'il est rarissime, ou encore parce que la mode l'a désigné à
leur convoitise !

Si vous tenez à avoir *Mademoiselle de Maupin,*
achetez donc la belle édition que vient de publier
L. Conquet, en 2 volumes admirablement imprimés par G. Chamerot. Pour le quart du prix que
vous emploieriez à acquérir l'édition originale,
vous aurez un exemplaire de luxe, et je vous
assure que vous serez heureux d'avoir suivi
mon conseil. Vous trouverez dans cette édition
une intéressante notice bio-bibliographique de
M. Charles de Lovenjoul, le gentilhomme bibliophile, qui a voué à Th. Gautier, comme à Balzac
et à G. Sand, une véritable admiration, laquelle
n'est pas stérile puisqu'il nous donne sur ces écrivains des études remplies de documents inédits et
d'aperçus nouveaux, pleins de charme.

L'édition originale du *Capitaine Fracasse,* parue

**9**

chez Charpentier, en 1863, 2 volumes in-12, après
avoir valu, pendant plusieurs années, modestement
3 fr. 50, est cotée aujourd'hui 50 ou 60 francs. C'est
cher pour un livre aussi récent, mais cette fantaisie
est si intéressante! Moi, j'ai acheté aussi avec plaisir
la grande édition illustrée par Gustave Doré, premier tirage, de 1866.

Cela me fournit l'occasion de vous dire, mon
ami, que, dans une prochaine lettre, je vous
citerai un certain nombre de livres illustrés que
l'on recherche maintenant et qui ont vraiment
un certain mérite. Mais, auparavant, je terminerai l'énumération des principaux ouvrages de
notre époque, dont les premières éditions peuvent
figurer dans votre bibliothèque.

# VIII

À CÔTÉ ou plutôt au-dessous des maîtres que je vous ai cités, dans la première période romantique, il y eut un certain nombre d'écrivains plus ou moins extravagants, dont les bibliomanes recherchent aujourd'hui les ouvrages. Eh bien, franchement, je ne vois pas pourquoi on attache une certaine valeur à de pareils volumes. Je comprends, par exemple, qu'on achète le *Sylphe, poésies de Dovalle,* publié en 1830, avec une préface pleine de sentiment, de Victor Hugo, le *Reliquiæ,* de G. Farcy, paru aussi en 1830 ; ces deux recueils de jeunes poètes, morts violemment, avant d'avoir donné la mesure de leur réelle valeur, sont en même temps des œuvres de

talent et des reliques. Mais il ne faut pas encombrer
vos rayons de la littérature de *bousingot,* selon
l'expression même des écrivains en question, de ces
livres bizarres qui furent à la mode pendant une
dizaine d'années, de 1830 à 1840 environ.

Nous arrivons immédiatement à la seconde période, qui donna des écrivains de haute valeur
comme Mérimée, Sainte-Beuve, de Balzac, Alexandre Dumas, George Sand, Jules Sandeau, Méry,
Gérard de Nerval, etc., et nous conduisit à l'école
réaliste moderne, laquelle a déjà produit des œuvres
d'un réel mérite, mais nous conduira elle-même,
où ?... Nous ne pouvons le prévoir.

Parmi tant d'œuvres pleines de talent, vous
n'avez plus qu'à choisir, mon ami. Consultez vos
préférences et votre goût ; vous pourrez encore,
même en vous montrant difficile, garnir deux ou
trois rayons de votre bibliothèque, en prenant des
éditions originales d'ouvrages de choix. En procé-
dant à peu près par ordre chronologique, vous
pourriez acheter, par exemple, de Mérimée, ce beau
roman historique qui a pour titre : 1572, *Chronique du temps de Charles IX,* daté de 1829, in-8° ;
le *Théâtre de Clara Gazul,* 1825, in-8° ; la *Jac-
querie, scènes féodales,* 1828, in-8° ; le charmant
recueil de nouvelles intitulé *Mosaïque,* 1833, in-8°,
petites pièces de genres variés, dans lesquelles

l'auteur a donné d'un coup l'échantillon des différentes faces de son talent. De notre grand Balzac,
vous ne manquerez pas d'acquérir la *Physiologie du
mariage,* 2 volumes in-8°, parus en 1830 ; les *Contes
drolatiques,* ce petit chef-d'œuvre de haut goût et
de style archaïque, qu'on croirait extrait du fameux
recueil du xvᵉ siècle, intitulé *les Cent Nouvelles
nouvelles,* ou encore des œuvres les plus amusantes
d'un conteur du moyen âge. (Un exemplaire broché
de ces 3 volumes parus en 1832, 1833, 1837, vaut
aujourd'hui environ 300 francs.) N'oubliez pas ce
chef-d'œuvre de pureté et de sentiment élevé, le
*Lys dans la vallée,* 1836, 2 volumes in-8° ; *Eugénie
Grandet,* 1834, premier volume des *Scènes de la
vie de province,* 1 volume in-8°, ce roman qui est
l'une des œuvres les plus vraies et aussi les plus
délicates de Balzac ; le *Père Goriot,* 1835, 1 volume
in-8° ; la *Peau de chagrin,* 1831, 2 volumes in-8° ;
et quelques autres livres du grand romancier, qui
se vendent moins cher et qu'on trouve plus facilement. A moins que vous ne préfériez acheter d'un
coup toutes les œuvres de Balzac, et, dans ce cas,
je vous conseillerais la belle édition illustrée, publiée
ainsi : d'abord 17 volumes in-8° par Furne et Dubochet, 1843-1845, et ensuite pour les 3 derniers
volumes, par Houssiaux, en 1855 ; vous aurez là le
premier tirage des gravures et, par conséquent, de

bonnes épreuves. La grande édition en 23 volumes in-8°, donnée, dans ces dernières années, par la maison Calmann Lévy, est peut-être encore préférable au point de vue du texte, qui est plus complet. Cette édition contient des écrits inédits, mais elle n'a pas de figures.

Je ne vous conseillerai pas d'avoir toutes les œuvres de George Sand, mais achetez ses premiers livres : *Indiana*, 1832, 2 volumes in-8° ; *Lélia*, 1833, 2 volumes in-8° ; *Valentine*, 1832, 2 volumes in-8° ; *Jacques*, 1834, in-8° ; et le roman, célèbre à cause d'une liaison presque aussi éphémère que la collaboration d'où il sortit, *Rose et Blanche*, 1831, 5 volumes in-12, qui fut signé J. Sand, pseudonyme aussitôt abandonné ; toutefois, je vous préviens que ce dernier est rarissime et que vous aurez de la peine à vous le procurer. A côté de ces ouvrages et de ceux que votre goût vous y fera joindre, placez les *Lettres d'un voyageur*, 1837, 2 volumes in-8°, très intéressants sur la littérature et les arts de l'époque, et sur les relations de G. Sand. Ne manquez pas d'acquérir les volumes de la charmante *Correspondance* de George Sand, actuellement en cours de publication à la librairie Calmann Lévy.

Parmi les livres de Jules Sandeau, *Mademoiselle de la Seiglière*, 1848, 2 volumes in-8° ; *Sacs et Parchemins*, 1851, 2 volumes in-8° ; la *Chasse au ro-*

*man,* 1849, 2 volumes in-8°; le *Docteur Herbeau,* 1841, 2 volumes in-8°, sont des volumes intéressants à acquérir, surtout si l'on choisit des exemplaires sur papier vélin fort, dont il n'a été tiré qu'un petit nombre.

Les 3 volumes de poésies de Sainte-Beuve, *Vie, pensées et poésies de Joseph Delorme,* 1829, in-16, les *Consolations,* 1830, in-16, et les *Pensées d'août,* 1837, in-12, méritent une place sur vos rayons. Je ne dis rien de *Volupté,* 1834, 2 volumes in-8°, sorte de roman philosophico-mystique dans lequel on trouve de belles pages, mais dont l'ensemble manque d'intérêt. Vous devez avoir les ouvrages de critique du célèbre écrivain, aussi je ne vous en parle pas.

On paye déjà cher les premiers livres d'Alexandre Dumas fils, surtout les *Péchés de Jeunesse,* seul recueil de poésies qu'il ait publié, paru en 1847, in-8°, et la *Dame aux Camélias,* son meilleur roman, 1848, 2 volumes in-8°. Le premier n'eut aucun succès ; dans une lettre de l'auteur, que je possède, il avoue qu'il se vendit au plus 14 exemplaires. Je ne sais si l'édition fut tirée à petit nombre, ou si elle passa plus tard en grande partie chez les marchands de tabac ; dans tous les cas, on la rencontre rarement.

Plusieurs volumes d'écrivains tout à fait modernes, romans, poésies ou pièces de théâtre, ont déjà acquis une certaine valeur. De ce nombre sont le *Roman d'un jeune homme pauvre,* d'Octave Feuillet ; les *Scènes de la bohème,* 1851, de Henri Murger, dont le titre fut de suite modifié et quelques chapitres furent changés dans les éditions suivantes ; les *Fleurs du mal,* de Charles Baudelaire, édition de Poulet-Malassis, 1858, qui contient plusieurs pièces retranchées par ordre dans les éditions suivantes ; il existe de rares exemplaires tirés sur papier de Hollande ; *Madame Bovary,* le célèbre roman naturaliste de Gustave Flaubert, qui, malgré son mérite incontestable, n'eut guère d'autre succès, à son apparition, que la curiosité soulevée par le procès auquel il donna lieu. Ce livre, dont la première édition est de 1857, chez Michel Lévy, en 2 volumes in-12, à 1 franc, est maintenant fort recherché, et l'édition originale se paie 50 à 60 francs. Quelques exemplaires, beaucoup plus chers encore, sont imprimés sur papier vélin fort, en un volume, avec un seul titre.

On commence à rechercher plusieurs ouvrages de contemporains, comme les *Odes funambulesques,* de Théodore de Banville, 1857, édition de Poulet-Malassis, très jolie ; les *Vignes folles,* d'Albert Glatigny, beau volume in-8°, paru en 1860 ; quelques livres d'Alphonse Daudet, surtout *Fromont jeune et Risler aîné,* 1874, in-12, et le *Petit Chose,* 1868, in-12. On estime, sans les payer encore très cher, quelques ouvrages de Champfleury, Charles Monselet, Alfred Delvau (ceux de ce dernier se vendent surtout pour les jolies eaux-fortes qui y sont jointes), et des volumes presque tout récents, comme ceux de Ludovic Halévy, qui font prime dès le jour de leur publication. Deux ou trois romans d'Émile Zola ont déjà acquis aussi une plus-value. Tous ces livres peuvent ne pas être considérés, quant à présent, comme des objets d'amateur ; mais comme ils ne coûtent pas cher, recueillez ceux qui vous plairont, et toujours en premières éditions ; plus tard, lorsque vous les verrez cotés à des prix beaucoup plus élevés, vous serez content de les posséder.

D'ailleurs ce sont là en général des ouvrages bien écrits, intéressants ; et quand même ils cesseraient d'obtenir les faveurs des bibliophiles, ils n'en mériteraient pas moins d'être conservés par vous, qui avez le bon esprit de faire passer le mérite littéraire d'un livre avant tout autre.

Ne faites pas comme un bibliomane de ma connaissance, qui ne voulait jamais acheter que les livres « en hausse » (c'était son expression). Il était toujours pris d'un désir effréné de posséder les volumes qui, dédaignés hier, étaient maintenant en vogue.

10

De sorte que ses acquisitions étaient généralement faites aux prix les plus élevés. Et comme les volumes ainsi achetés lui déplaisaient aussitôt que les amateurs ses confrères venaient à les délaisser pour de nouveaux favoris, il se débarrassait invariablement des avant-derniers élus, et cela naturellement à des conditions de prix très onéreuses.

Non seulement il ne faisait pas ce que les spéculateurs appellent si élégamment « de bonnes affaires », mais encore il m'a avoué n'avoir jamais eu une vraie satisfaction. Oh! mon ami, méditez cela!

En résumé, si vous rencontrez les ouvrages que je vous ai signalés, achetez-les à des prix raisonnables : mais, de grâce, ne suivez aucunement la mode et n'attendez pas qu'elle vous ait désigné des volumes pour les acquérir, car vous les payerez, dans ce cas, toujours plus qu'ils ne valent.

IX

ES observations seraient incomplètes si
je ne vous signalais pas les ouvrages
illustrés de gravures, parus depuis 1835
environ jusqu'à présent, qui font maintenant les délices de beaucoup d'amateurs nouveaux. J'avoue que moi-même je ne déteste pas
ces livres, dont les illustrations sont pourtant infé-
rieures à celles des ouvrages du XVIIIᵉ siècle, mais
dont le texte est en général plus intéressant que
celui des susdits ouvrages. Toutefois, je me déclare
très difficile ; je ne voudrais faire entrer dans ma
bibliothèque que les meilleurs.

L'un des premiers et aussi l'un des plus beaux,
*Paul et Virginie,* édition de Curmer, 1838, grand

in-8°, est maintenant fort recherché, et c'est justice ; il est orné d'un grand nombre de jolies vignettes sur bois dans le texte et hors texte, et de
quelques gravures sur acier. Les *Contes de Perrault*,
du même éditeur, superbe édition, entièrement gravée, publiée en 1843, grand in-8°, se vendent plus cher
encore et sont d'une grande rareté. Des exemplaires
brochés se sont vendus jusqu'à 500 francs.

Un grand volume qu'on recherche beaucoup
aujourd'hui, après l'avoir dédaigné, c'est le
*Journal de l'expédition des Portes de fer,* ouvrage rédigé par Charles Nodier, pour le duc
d'Orléans et sur les notes de ce prince, avec d'intéressantes vignettes d'après Raffet ; ce volume très
grand in-8°, paru en 1844, vaut aujourd'hui de
400 à 500 francs. S'il vous arrivait, par un grand
hasard, de rencontrer un exemplaire imprimé entièrement sur papier de Chine, oh ! vous pourriez
le couvrir d'or ! On n'en connaît jusqu'ici que trois
ou quatre, entre autres celui d'un de nos plus
sympathiques *amis des livres,* M. Ferdinand Gau-
thier. Celui-là doit être, d'ailleurs, l'exemplaire du
duc d'Orléans, car au milieu des plats de la reliure
de Simier, relieur du roi, sont gravées les initiales
F. F. O. (Ferdinand-François d'Orléans), surmon-
tées d'une couronne fermée. Un autre, broché, a été
découvert dernièrement par M. Jules Brivois, l'au-

teur de la *Bibliographie des ouvrages illustrés du XIX⁰ siècle,* un chercheur intelligent et infatigable, qui méritait vraiment de le posséder après l'avoir si bien décrit !

Viennent ensuite les *Chants et chansons populaires de la France,* beau recueil publié par H. Delloye, en 1843, formant 3 volumes très grand in-8°. Le texte des chansons est gravé au milieu d'encadrements formés de nombreux dessins représentant les différentes scènes ; en regard est la musique, aussi gravée, et l'histoire de chaque chanson est imprimée sur un feuillet à part. Si vous trouvez ce bel ouvrage broché, avec ses couvertures imprimées en or et en couleurs, sur lesquelles on voit de fort jolies vignettes, vous ne risquez rien de le payer 500 à 600 francs ; assurez-vous toutefois que l'exemplaire soit entièrement de premier tirage, et pour cela voyez si au bas de la musique de chaque chanson se trouve la mention : *Imprimerie de Félix Locquin,* etc. ; tout autre nom d'imprimeur indique une réimpression.

*Notre-Dame de Paris,* par Victor Hugo, édition de 1844, illustrée de nombreuses figures sur bois et sur acier, grand-in-8°, est encore un beau livre qu'il ne faut pas manquer d'avoir ; on le cote aussi très cher, lorsque l'exemplaire est de premier tirage et broché, avec la couverture imprimée.

Un livre intéressant à posséder, et qui cependant se vendit mal d'abord, *la Peau de chagrin,* par H. de Balzac, édition de 1838, est un charmant volume, fort recherché aujourd'hui ; il est orné de 100 jolies vignettes, finement gravées sur acier et tirées avec soin dans le texte sur des blancs réservés, ce qui était difficile et double le mérite du livre au point de vue typographique.

Les différentes éditions illustrées des *Chansons de Béranger* ont de la valeur, lorsque les épreuves des figures sont avant la lettre. Mais celle de Perrotin, sous le titre d'*Œuvres complètes,* parue en 1847, en 2 volumes in-8°, ornée de 53 belles gravures sur acier, d'une finesse admirable, exécutées sur de fort jolis dessins de A. de Lemud, Charlet, Daubigny, Raffet, Sandoz et autres, est particulièrement recherchée. Les exemplaires, très rares, dont les épreuves sont tirées sur papier de Chine, avant la lettre, valent aujourd'hui de 1,000 à 1,500 francs. Si vous achetez ce beau livre, vous pouvez y joindre les *Dernières Chansons,* de 1857, en 1 volume, et *Ma biographie,* de 1860, 1 volume, avec 22 nouvelles gravures des mêmes artistes, plus une photographie, publiées après coup pour y être jointes, savoir : 14 pour le premier de ces volumes, et 8 plus la photographie pour le second. Les éditions illustrées par Henri

Monnier, et aussi celle qui contient de petites vignettes sur acier, sous la date de 1833 et 1834, sont
encore très estimées.

J'aime beaucoup un volume plus modeste que
ceux-là, le *Livre des orateurs,* par Cormenin, édition de 1842, portant le titre de onzième, ornée de
27 portraits sur acier ; vous connaissez ce texte
plein d'esprit, de malice et de bon sens ; les portraits, qui sont bien gravés, ont aussi leur intérêt.

Dans le genre satirique, tâchez donc de trouver
le *Musée Dantan,* recueil de 100 charges fort amusantes, faites sur les célébrités de l'époque, paru en
1839, chez Delloye. Ce volume est rare.

Ai-je besoin de vous recommander les principaux ouvrages illustrés par Grandville? Surtout le
fameux recueil in-4°, les *Métamorphoses du jour,*
de 1829, et l'édition des mêmes dessins reportés sur
bois, parue en 1842, in-8° ; les *Animaux peints par
eux-mêmes,* 1842 ; les *Fables de La Fontaine,* 1838,
2 volumes in-8°, avec le complément de 120 gravures, paru en 1840 ; les *Voyages de Gulliver,*
2 volumes, 1838 ; les *Petites Misères de la vie humaine,* 1 volume, de 1843 ; *Cent Proverbes,* 1845 ;
enfin plusieurs autres livres illustrés par le même
artiste, et dont je laisse à votre goût le soin de
décider l'acquisition.

Dans l'année 1843, parut en livraisons un char-

mant recueil de contes illustrés, que je vous engage
beaucoup à faire entrer dans votre bibliothèque :
c'est *la Pléiade, ballades, fabliaux, nouvelles et
légendes,* volume in-8° illustré de jolies vignettes
à l'eau-forte et de gravures sur bois, d'après
Ch. Jacque, Gavarni, Jeanron, etc. Mais vous serez
obligé de le payer cher, 250 à 300 francs, s'il est
broché, avec couverture conservée.

Un ouvrage des plus intéressants et qu'il ne faut
pas manquer d'acquérir, c'est le recueil ayant pour
titre *les Français peints par eux-mêmes,* 9 volumes grand in-8°, publiés par Curmer en 1841 et
1842, y compris le volume intitulé *le Prisme,* qui
en fait nécessairement partie. Outre les études hu-
moristiques fort nombreuses, dues à nos principaux écrivains, Balzac, Ch. Nodier, Léon Gozlan
J. Janin, Alph. Karr, Cormenin, Fréd. Soulié,
Pétrus Borel, etc., vous y trouverez des types dessinés avec verve et esprit, par des artistes de premier ordre, tels que : Meissonier, Gavarni, Grandville, Daumier, Charlet, Daubigny, Français, Tony
Johannot, Bertall, etc. Choisissez de préférence un
des exemplaires dont les gravures sont coloriées,
et parmi ceux-là distinguez encore un des anciens,
car il en existe un grand nombre dont le coloris
plus récent est détestable. Je m'en rapporte à votre
goût pour cela, vous les reconnaîtrez certainement.

La différence est tellement grande entre les deux sortes d'exemplaires, que l'œil du vrai amateur ne s'y trompe pas. Le premier coloris fut fait très habilement, par des mains exercées, bien exactement entre les lignes du dessin, et au moyen de couleurs très fines ; tandis que plus tard, pour écouler les exemplaires restés en magasin, on employa à la hâte des barbouilleurs quelconques ; et les couleurs, souvent maladroitement placées, sont aussi bien plus criardes. Tâchez de recueillir en même temps toutes les couvertures des livraisons ; vous y verrez des notes, des renseignements curieux et une correspondance intéressante.

N'oubliez pas d'avoir le *Diable à Paris, Paris et les Parisiens, Mœurs et Coutumes, Caractères et Portraits,* curieux et bel ouvrage entièrement illustré par Gavarni et Bertall. Le texte se compose d'articles pleins d'esprit et d'originalité, fournis par un grand nombre d'écrivains, comme George Sand, Balzac, Alfred de Musset, Gérard de Nerval, Alphonse Karr, Théophile Gautier, Eugène Sue, Octave Feuillet, Henri Monnier, Léon Gozlan, Jules Janin, P.-J. Stahl, Arsène Houssaye, etc. L'ouvrage forme 2 volumes grand in-8°, publiés chez J. Hetzel, le premier en 1845, et le deuxième en 1846 ; là se trouve le premier tirage des gravures, qui sont fort intéressantes.

11

Cela me conduit à vous conseiller l'acquisition des principaux volumes illustrés par Gavarni, ce spirituel dessinateur et écrivain, dont le talent fut peut-être le plus complet de tous ceux des artistes de notre époque. Nul au moins n'a observé l'humanité avec plus de vérité et n'a traduit ses observations avec un crayon plus fin et une plume plus mordante. Ne manquez pas d'acheter surtout les 4 volumes in-4° dans lesquels furent réunis, sous le titre d'*Œuvres choisies,* ses principaux dessins, au nombre de 320, parfaitement gravés sur bois. Outre les légendes spirituelles de chaque sujet, vous y trouverez des notices intéressantes par Théophile Gautier, Laurent-Jan, Lireux, Léon Gozlan et P.-J. Stahl. Tâchez de trouver aussi ses lithographies, ce qui est plus rare encore, mais présente un grand intérêt au point de vue de l'art, qui traduit là directement la pensée de l'artiste.

L'édition collective des *Œuvres de Balzac* (que je vous ai déjà citée ailleurs), parue de 1842 à 1848, chez Dubochet, Hetzel et Paulin, et chez Furne, en 17 volumes in-8°, est bien illustrée. Comme d'ailleurs elle est imprimée avec soin, en beaux caractères faciles à lire, je vous en conseille l'acquisition. On y voit des dessins de Tony Johannot, Meissonier, Gavarni, Henri Monnier, Bertall, Célestin Nanteuil, Gérard Séguin, Français, etc. Tous ces

dessins sont fort bien gravés sur bois. Pour compléter cette édition, il faut y ajouter les tomes XVIII<sup>e</sup>,
XIX<sup>e</sup> et XX<sup>e</sup>, parus chez Houssiaux, en 1855, imprimés exprès dans le même format, avec gravures
d'après les mêmes artistes. Le premier tirage de ces
20 volumes est devenu très rare.

Je vous engage à acheter les meilleurs ouvrages
illustrés par Gustave Doré, surtout les *Œuvres de
Rabelais,* édition populaire publiée par Bry, en
1854, format in-4°, à deux colonnes, et le charmant
livre de Balzac, les *Cent Contes drolatiques,* paru en
1855 ; les illustrations de ce dernier en font un petit
chef-d'œuvre de verve et d'originalité. L'*Histoire
pittoresque et caricaturale de la Sainte Russie,* ce
malicieux et amusant pamphlet écrit et dessiné par
G. Doré, fut publié dans le même format que les
Œuvres de Rabelais déjà citées. Il est digne de
figurer à côté des deux premiers. Les grands ouvrages illustrés par cet artiste si fécond et si fantai-
siste mériteraient bien tous d'entrer dans votre
bibliothèque, mais ils sont si encombrants !... Heureusement des volumes comme l'*Enfer,* le *Paradis*
et le *Purgatoire,* du Dante, les *Fables de La Fontaine,* la *Bible,* la *Légende du Juif-Errant,* les
*Contes de Perrault,* peuvent être mis sur une table
de salon, et il est toujours agréable d'en feuilleter
les belles gravures.

Parmi les ouvrages intéressants de satire poli-
tique ou de satire de mœurs, ne manquez pas de
chercher un bel exemplaire de cette fameuse publication qui s'appelait *la Caricature morale et poli-
tique,* parue de 1830 à 1835 et dans laquelle se
trouvent réunies les charges les plus jolies, les plus
spirituelles et les plus mordantes qui aient été
dessinées à notre époque. La collection complète et
en bon état de ce journal fameux vaut très cher,
700 à 800 francs au moins. C'est un beau prix, mais
on trouve là les chefs-d'œuvre satiriques de nos
principaux artistes, Raffet, Daumier, Grandville,
Henri Monnier, Ch. Philippon, Célestin Nanteuil,
V. Adam, etc.... et cela présente un grand intérêt.

Dans le même ordre d'idées, il est curieux d'avoir
*Jérôme Paturot à la recherche d'une position so-
ciale,* de Louis Reybaud, belle édition de 1846,
illustrée par Grandville; *Jérôme Paturot à la
recherche de la meilleure des républiques,* édition
pareille de 1849, illustrée par Tony Johannot;
l'*Assemblée nationale comique,* de Lireux, illustrée
par Cham, en 1850; la *Revue comique, à l'usage
des gens sérieux,* parue de novembre 1848 à dé-
cembre 1849; les *Robert-Macaire,* par Daumier et
Ch. Philippon, en choisissant le premier tirage
colorié; la *Correctionnelle,* 1840, illustrée par Gavarni. Tous ces ouvrages datent d'une époque où

la lithographie et la gravure sur bois furent en honneur, à juste titre d'ailleurs, car jamais de plus consciencieux artistes ne s'adonnèrent à ces deux branches aujourd'hui un peu trop négligées de l'art du dessin.

Peu de volumes contiennent des dessins de Meissonier; je vous recommande particulièrement un joli recueil presque entièrement illustré par ce maître, les *Contes rémois,* du comte de Chevigné, édition de 1858, qui contient le premier tirage. Les gravures sont sur bois et fort bien exécutées. Si vous pouvez trouver un exemplaire en papier de Hollande, avec figures tirées sur papier de Chine, achetez-le; mais je vous préviens qu'il vaut très cher, de 500 à 600 francs.

Bientôt devait trôner en maître et gagner rapidement les sympathies des amateurs d'estampes, comme celles des amateurs de livres, un art qui possède un très grand charme, une grande puissance d'expression : la gravure à l'eau-forte. Déjà, depuis plusieurs années, quelques essais timides avaient été tentés avec succès pour l'illustration des livres. Célestin Nanteuil et Ch. Jacque, entre autres, avaient donné de remarquables spécimens de fines gravures à l'eau-forte; mais ce fut seulement vers 1860 que la mode et le goût du jour vinrent donner raison aux artistes qui avaient fait de nouvelles tentatives en ce genre. Les différents ouvrages d'Alfred Delvau, par exemple, *les Cythères parisiennes, les Heures parisiennes, les Cafés et Cabarets de Paris, les Barrières de Paris, les Dessous de Paris,* etc... parus de 1865 à 1867, offraient déjà de jolies illustrations à l'eau-forte, par Gustave Courbet (qui n'a pas dû en faire beaucoup d'autres), par Félicien Rops, Bracquemond, Émile Bénassit, Émile Thérond, Léop. Flameng. Mais c'étaient là des livres de peu d'importance et que les libraires vendaient à très bon marché, quoique la valeur en ait décuplé depuis.

Les éditeurs Jouaust et Lemerre ne tardèrent pas à publier leurs intéressantes collections de livres illustrés, dont les gravures à l'eau-forte sont signées d'artistes devenus célèbres, Leloir, Ad. Lalauze, Ed. Hédouin, Laguillermie, Boilvin, Léop. Flameng, de Los Rios, Edmond Morin, Henri Pille, Worms, Giacomelli, Burnand, Delort, Mongin, Le Rat, Arcos, Monziès, etc... Dans la collection Jouaust surtout, vous trouverez quelques jolis ouvrages, vraiment réussis, tant au point de vue des gravures qu'à celui du texte. Achetez donc, par exemple, les *Œuvres de Molière,* illustrées par Leloir, en 8 vol. in-8° ; les eaux-fortes de Léopold Flameng, exécutées sur les dessins de Louis Leloir pour cet important ouvrage, peuvent compter parmi ses meilleures.

Choisissez de préférence un exemplaire imprimé
sur papier de Chine ; le tirage des épreuves y est
meilleur et les volumes en sont moins encombrants.
Je vous cite maintenant au hasard quelques livres
de Jouaust qui sont encore dignes d'une bibliothèque de luxe : les *Contes de Perrault,* avec de gracieuses eaux-fortes de Lalauze, en 2 volumes ; le
*Voyage sentimental,* de Sterne, avec gravures à
l'eau-forte d'Ed. Hédouin ; le *Voyage autour de ma
chambre,* par Xavier de Maistre, ce spirituel livre
qui est le mieux réussi de la collection et qui est
aussi illustré d'eaux-fortes charmantes par Ed.
Hédouin ; les *Contes rémois,* par le comte de Chevigné, avec eaux-fortes de Rajon, d'après les dessins
de J. Worms ; les *Voyages de Gulliver,* illustrés
par Lalauze ; *Gil Blas,* avec eaux-fortes de Los
Rios ; la *Physiologie du goût,* qui contient de ravissantes vignettes à l'eau-forte, par Lalauze, en tête
des principaux chapitres ; la *Vie des dames galan-
tes,* de Brantôme, avec gravures à l'eau-forte par
Boilvin, d'après les dessins d'Ed. de Beaumont, et
quelques autres, selon votre goût et le genre d'ouvrages que vous aimez. Mais tâchez d'acquérir de
préférence les exemplaires tirés de format in-8°
sur papier Whatman ou sur papier de Chine, qui
contiennent les premiers tirages avant la lettre des
figures en épreuves supérieures.

Les *Œuvres* (*choisies*) *de Fr. Coppée,* publiées chez Lemerre, avec eaux-fortes de Boilvin, forment encore un beau livre, très désirable.

Il y a plusieurs volumes superbes à choisir dans les belles séries en divers formats publiées par la librairie et imprimerie Quantin. En général, les meilleurs et les plus dignes d'une bibliothèque d'amateur sont ceux qui ont paru en moyen ou petit format, toute question d'importance et de prix à part. La petite collection antique renferme, par exemple, des illustrations pleines d'originalité et en même temps de grâce, et la partie typographique en est très soignée. Vous avez assez de goût, mon ami, pour distinguer dans les autres séries ce qui mérite de fixer votre attention et, d'ailleurs, la place que vous avez à consacrer dans vos armoires aux ouvrages illustrés de grand format pourra influer sur votre choix. La librairie Hachette et MM. Charavay frères ont aussi publié quelques beaux volumes avec gravures.

M. Chamerot, qui s'était contenté jusqu'à présent d'imprimer pour le compte des autres des volumes exécutés toujours avec un soin particulier, et d'obtenir pour cela une médaille d'or à l'Exposition universelle de 1878, vient d'adjoindre à sa maison des salons de libraire-éditeur. Il a heureusement inauguré une série de publications qu'il prépare, en donnant une édition de luxe de la *Chanson de l'Enfant*, par Jean Aicard. Ce beau volume est illustré de dessins charmants de Lobrichon, Rudaux et Steinlen, gravés sur bois avec un vrai talent par L. Rousseau. C'est déjà une œuvre capitale et je vous conseille de la mettre dans votre bibliothèque, en choisissant un exemplaire sur papier du Japon. Vous y trouverez des épreuves superbes *avant la lettre* supérieures à celles du papier ordinaire.

Un jeune libraire, L. Conquet, a commencé de publier quelques livres illustrés, qu'on s'arrache dès leur apparition ; et c'est justice, car ces volumes sont établis avec beaucoup d'intelligence, de goût et d'art. Ce sont presque toujours des réimpressions de luxe des plus intéressants ouvrages de nos auteurs modernes ou même contemporains. L'éditeur a compris que les collections de volumes du même format, ornés de la même façon, par les mêmes artistes ou les mêmes procédés, devenaient d'une monotonie désespérante. Il s'est attaché à varier le genre de ses livres, l'impression et les illustrations. Dans quelques-uns, par exemple, comme le *Lion amoureux*, par Frédéric Soulié, la *Chartreuse de Parme,* par Stendhal, il a essayé avec succès de faire revivre la fine gravure au burin qui fit les délices des bibliophiles et iconophiles d'antan, et dont le beau volume *la Peau de chagrin*, de Balzac, édition de 1838, montre les plus intéressants spécimens.

**12**

En rééditant le gracieux ouvrage d'André Theu-
riet, *Sous Bois,* avec de charmantes compositions
de Giacomelli gravées sur bois, il a prouvé que, dans
l'art du dessin et de la gravure même, aussi bien
qu'en musique, il est possible de faire de l'harmonie
imitative, car l'ensemble de ce volume est très beau.
Il avait déjà réussi à souhait en faisant exécuter de
jolies gravures sur bois, pour *Mon oncle Benjamin,*
de Claude Tillier. Là ne s'arrêteront certainement
pas les belles publications de ce jeune éditeur. Du
reste, j'ai vu chez lui en préparation un livre appelé
certainement à un grand succès : *le Rouge et le
Noir,* par Stendhal. Cet ouvrage ne contiendra
pas moins de 80 compositions, toutes dessinées et
gravées par Dubouchet, l'artiste déjà apprécié et
aimé, qui a reproduit en petit format les planches
du *Monument du costume au XVIII$^e$ siècle,*
par Moreau.

Je vous parlerais bien de *Mademoiselle de
Maupin,* le curieux roman de Théophile Gautier,
dont L. Conquet a donné une superbe édition, que
je vous ai citée déjà ; mais mon cœur se serre en
pensant que l'artiste chargé d'illustrer ce beau livre,
Louis Leloir, vient de mourir à quarante ans à
peine, sans avoir pu achever son œuvre, dont on
avait déjà vu quelques charmants spécimens. Cet
artiste était si sympathique, que sa disparition a

causé une profonde tristesse. Je sais bien qu'un autre peintre et dessinateur de grand talent, M. Toudouze, prépare des gravures qui devront être bien intéressantes aussi pour cet ouvrage ; mais la satisfaction de posséder un jour celles-ci ne me console pas du chagrin de ne voir jamais paraître celles-là.

Vous achetez tous ces livres, à mesure qu'ils paraissent, et vous choisissez des exemplaires sur papier supérieur ; vous faites bien, car cela s'épuise vite, et d'ailleurs avec de tels volumes on forme, à coup sûr, une jolie bibliothèque.

Je m'intéresse moins aux réimpressions d'ouvrages anciens, antérieurs à notre siècle, et je n'aime pas du tout les reproductions d'anciennes gravures. Les fac-similés n'ont aucun mérite artistique ; à peine s'ils sont utiles pour populariser certaines œuvres, trop rares pour être connues et appréciées d'après les originaux. Là, mon ami, j'ai trouvé que vous faisiez un peu fausse route, en achetant plusieurs de ces reproductions ; mais ce n'est qu'une opinion toute personnelle et je laisse au temps et à l'expérience qui vous vient tout doucement le soin de vous désabuser.

L'énumération que je viens de vous faire d'un certain nombre de livres illustrés pourrait être augmentée encore, car il existe d'autres volumes de moindre importance qui méritent bien aussi de fixer l'attention. Mais il arriverait que mes lettres ne seraient plus qu'une sèche nomenclature et c'est ce que je voudrais éviter; elles sont déjà assez arides comme cela.

Vous avez un moyen de vous renseigner plus amplement. Achetez l'ouvrage intéressant et fait avec un soin remarquable, que vient de publier M. Jules Brivois, la *Bibliographie des ouvrages illustrés du XIX⁰ siècle*. Vous y trouverez non seulement la description minutieuse des livres en question, mais encore des appréciations très justes de leur mérite artistique et des détails anecdotiques curieux sur la publication des plus importants. Ce livre est incontestablement l'un des meilleurs ouvrages de bibliographie qui aient été faits jusqu'ici.

## X

'ÈTES-VOUS pas étonné, mon ami, que dans l'énumération succincte d'ouvrages bons à acquérir, j'aie laissé de côté tout ce qui a paru antérieurement au XVIIᵉ siècle? C'est à dessein pourtant que j'ai agi ainsi. J'ai pensé qu'aucun amateur jeune ou nouveau ne commencerait par collectionner ces ouvrages, mais je suis persuadé aussi que tôt ou tard les meilleurs volumes des époques anciennes doivent trouver place dans une bibliothèque bien entendue.

Parmi les livres nombreux qui parurent depuis la découverte de l'imprimerie jusqu'à la fin du XVIᵉ siècle, je vous en citerai quelques-uns, que vous pourrez recueillir si vous les] rencontrez chemin faisant, dans vos excursions bibliophiliques. Puis je vous dirai quelques mots des manuscrits de la Renaissance ou antérieurs à cette brillante époque.

Outre les éditions *princeps* des grands classiques anciens, comme Homère et Virgile, que je vous ai citées, et aussi celles de quelques autres auteurs grecs ou latins, poètes ou historiens, il est intéressant de posséder les éditions les plus anciennes des principaux écrivains français et étrangers, poètes ou conteurs surtout, comme le *Rommant* (sic) *de la Rose,* édition sans date, gothique, à 2 colonnes, que l'on suppose imprimée vers 1483 à 1485, par Guillaume Leroy, à Lyon ; ou encore une des éditions de ce curieux ouvrage, imprimées par Vérard, ou celle de Galiot du Pré, 1529. Ce poème, amoureux, satirique, contre les femmes, et même quelque peu libertin, est toujours recherché. On y opposa à la même époque le *Champion des Dames,* dont plusieurs éditions sont intéressantes et estimées.

L'un des principaux recueils de contes du temps, les *Cent Nouvelles nouvelles,* composé, dit-on, à la cour de Louis XI, par les jeunes seigneurs de son entourage, est un livre de premier ordre. On pourrait chercher sans la trouver, pendant bien des années, l'édition originale gothique de Vérard, 1486, car elle est d'une rareté insigne. Mais on peut se contenter d'une de celles qui ont paru jusque vers

1532, car toutes ont de la valeur et sont plus ou moins recherchées. Bien des amateurs achètent une édition plus récente, celle de 1701, en 2 volumes in-12, dont le texte n'est pourtant pas bon, mais qui contient de curieuses gravures à l'eau-forte, par Romeyn de Hooghe ; de même qu'ils recherchent aussi l'édition de *Boccace,* en français, de 1697, 2 volumes in-12, avec figures du même artiste.

Quant au *Boccace,* outre l'édition originale, si précieuse, du *Decameron,* en italien, publiée à Venise, chez Valdarfer, en 1471, les grands amateurs estiment beaucoup les éditions françaises de la fin du XVe siècle ou du commencement du XVIe.

Les premières éditions du XVe siècle, de Gringoire, de Coquillart, sont d'une grande rareté, quelques amateurs les payent très cher ; mais ce sont là des livres dont le mérite littéraire est contestable ; ils rentrent plutôt dans le domaine de la curiosité que dans celui de la bibliophilie.

Des ouvrages intéressants à posséder, ce sont les différents romans de chevalerie, qui parurent depuis 1480 environ jusque vers 1550. Je puis, sans crainte de vous voir encombrer vos bibliothèques, vous conseiller d'acheter les principaux, car vous aurez de la peine à en trouver quelques-uns, tant ils sont tous rares. L'un des plus anciens imprimés, *le Roman de Fier-à-Bras le géant,* remonte à 1478.

Viennent ensuite : *le Roman de Mélusine ; l'Arbre des Batailles ; Histoire de Tristan, fils de Méliadus de Leonoys ; les Neuf Preux ; Lancelot du Lac ; le Livre du vaillant chevalier Artus... de Bretaigne ; les Quatre Fils Aymon ; Ogier le Dannoys ; Gyron le Courtoys ; la Conqueste du grand roy Charlemaigne ; la Vie de Robert le Diable ; Galien Rethoré ; Huon de Bordeaux ; l'Histoire du sainct Greaal ; Amadis de Gaule ; Histoire du roy Perceforest ; le Roman de Jehan de Paris ; Histoire et chronique du petit Jehan de Saintré ; Histoire de Gérard, comte de Nevers ; le Roman de Richard sans paour ; le Roman de la belle Helayne* (sic) *de Constantinople,* etc., etc.

L'une des bibliothèques les plus importantes formées dans notre siècle, celle de M. Didot, contenait un certain nombre de ces ouvrages ; mais il en manquait encore beaucoup. Contentez-vous donc de ceux que vous trouverez, mon cher ami, pourvu que les exemplaires soient beaux et bien conservés.

Au nombre des livres les plus intéressants et les plus recherchés du xvi° siècle, il faut vous citer d'abord les premières éditions des œuvres de Villon, celles des œuvres de Clément Marot, surtout l'*Adolescence Clementine,* édition de 1532, imprimée pour Pierre Roffet, dit le Faucheur, par Geofroy Tory ; et la *Suite de l'Adolescence Clementine,* du même éditeur, soit l'édition sans date, soit celle qui est datée de 1534. Les autres éditions précieuses et plus complètes de ce poète sont : celle d'Étienne Dolet, 1538, celle de François Juste, imprimée à Lyon par Jehan Barbou, en 1539, et surtout celle de Dolet, 1542. Cette dernière est fort jolie comme impression, en lettres rondes, et on y trouve des pièces omises jusque-là dans les autres. L'édition de Lyon, à l'enseigne du Rocher, 1544 ou quelquefois 1545 (la date seule est changée), présente encore un grand intérêt ; les poésies sont classées là pour la première fois dans l'ordre des genres, ordre qui a été adopté définitivement depuis ; en outre, elle est belle et bien imprimée. Ces diverses considérations la font rechercher beaucoup des bibliophiles.

On estime toujours et on paye encore très cher, les *Marguerites de la Marguerite des princesses... royne de Navarre,* édition de 1547, et le fameux recueil de contes de la même princesse, intitulé : *Heptaméron des nouvelles de... Marguerite de Valois, royne de Navarre,* édition de 1559, la première portant ce titre. Si vous trouviez le même livre, qui avait paru d'abord sous le titre : *Histoire des amans fortunez,* à Paris chez Gilles Gilles, 1558, vous pourriez vous vanter d'avoir découvert un trésor rarissime.

Les *Euvres de Lovize Labé lionnoize,* édition de

13

Lyon, Jan de Tournes, 1555, est d'une telle rareté, qu'un exemplaire bien conservé vaudrait aujourd'hui de 5 à 6000 francs. C'est cette plaquette précieuse, un volume très mince, de format petit in-8°, relié avec une riche mosaïque de Trautz-Bauzonnet, qui figura, il y a quelques années, dans la bibliothèque de M. Ernest Quentin-Bauchart et fut acquis au prix de 15,000 francs, par le regretté baron James de Rothschild. Le même amateur, dont la mort vient de laisser en deuil toute la bibliophilie, avait également acquis dans ces derniers temps un autre petit volume de haute curiosité et faisant bien le pendant du précédent, les *Rymes de..... Pernette du Guillet, Lyonnoise,* édition de Jan de Tournes à Lyon, 1545. Ce livret doit lui avoir coûté à peu près aussi cher que le premier, avec le prix de la reliure en mosaïque, qu'il a fait établir par le même artiste.

A côté de l'*Heptameron,* cité ci-dessus, on peut placer un autre livre de contes, intitulé : *les Nouvelles Récréations et joyeux devis de feu Bonaventure Des Periers,* édition de Robert Granjon, à Lyon, 1557, laquelle présente une particularité intéressante, celle d'être imprimée entièrement en caractères dits *de civilité,* très élégants et très corrects ; comme elle est fort rare d'ailleurs, on la paye cher. Le nombre des livres imprimés avec ces ca-

ractères de civilité n'est pas considérable et les amateurs les recherchent ; toutefois ils n'attribuent une
grande valeur qu'aux ouvrages qui ont de plus
un mérite littéraire ou historique, comme le volume précédent.

Il ne faut pas que j'oublie de vous mentionner
les différentes éditions originales des œuvres de
Rabelais. Le grand réformateur de la langue française, le maître en esprit gaulois, publia ses ouvrages par fragments ou par livres, lesquels sont
devenus si rares qu'on ne les trouve même pas dans
les dépôts publics. L'édition originale du premier
livre, du *Gargantua,* paraît même avoir entièrement disparu, car on ne connaît pas d'édition anté-
rieure à la première du *Pantagruel,* de Paris,
Claude Nourry (sans date, mais probablement de
1532). Cependant il est vraisemblable que le *Gar-*
*gantua* a été écrit avant le *Pantagruel,* lequel y
fait suite naturellement. On connaît bien, sous la
date de 1532, une plaquette rarissime, intitulée :
*les Grandes et inestimables Cronicques du grant et*
*énorme geant Gargantua.... Nouvellement imprimees*
*à Lyon...* 1532 ; mais, quoi qu'en dise Jacq.-Ch.
Brunet, pourtant très compétent, des érudits
prétendent que cet opuscule n'est pas de Rabelais.
En effet, il diffère entièrement du *Gargantua* que
le fameux « curé de Meudon » a placé en tête de

ses œuvres. Plusieurs éditions et imitations de ce
petit livre parurent dans les mêmes années.

Le vrai *Gargantua,* tel qu'on le retrouve plus
tard dans les œuvres avouées de Rabelais, n'aurait
paru pour la première fois avec date qu'en 1535, à
Lyon, chez François Juste, de format in-24 allongé,
impression en gothique. Jusqu'à présent on joint
cette édition à celle du *Pantagruel* publiée en
1533, à Lyon, chez le même éditeur et dans le même
format. On forme avec ces deux petits livres et ceux
que je vais citer, un ensemble des œuvres originales de Rabelais, que possèdent seulement deux
ou trois amateurs. Une autre édition du *Pantagruel,* de même format, datée de 1534, mais sans
nom d'imprimeur, est encore intéressante à posséder, parce qu'elle offre un texte un peu différent
du précédent, et très augmenté. Ce petit volume,
fort rare aussi, peut se joindre encore au *Gargantua,* de François Juste, 1535, car le titre est
entouré de la même bordure ; et, comme le pense
avec raison Brunet, ces deux livres doivent venir
du même éditeur.

A partir de l'édition de 1537, on trouve, à la
suite des deux livres décrits ci-dessus, deux opus-
cules intitulés : *Pantagrueline prognostication.....
pour l'an.....* (l'année varie suivant l'édition), et *le
Voyage et navigation que fist Panurge, disciple de*

*Pantagruel aux isles étranges.* Mais l'attribution de ces deux pièces à Rabelais est très contestable et d'ailleurs contestée. La première de ces pièces avait paru d'abord dans le format in-4°, vers 1532, à la même époque à peu près que la première édition du *Pantagruel,* publiée aussi dans ce format.

On continue la série des œuvres originales de Rabelais, en joignant aux petits volumes ci-dessus désignés, le *Tiers Livre des faictz et dictz héroïques du noble Pantagruel, composez par M. Franc. Rabelais, docteur en medicine et calloier des Isles Hieres,* édition rare et précieuse, portant la rubrique : *A Paris, par Christian Wechel, a lescu de Basle,* 1546, de format petit in-8° ; ou l'une des deux éditions, rares également, imprimées à Lyon, par Pierre de Tours, en 1547, sans son nom, ou sans date, avec son nom. Et si l'on veut avoir un meilleur texte, on tâche de trouver celle de *Paris, de l'imprimerie de Michel Fezandat,* 1552, revue et augmentée par Rabelais lui-même et donnant son texte définitif.

D'ailleurs cette édition va très bien avec la suite, que voici : *le Quart Livre des faits et dicts héroïques du bon Pantagruel..... Paris, de l'imprimerie de Michel Fezandat,* 1552, de format petit in-8°, laquelle forme la fin de l'œuvre qui peut être attribuée avec certitude à Rabelais.

Cependant on y joint encore : *le Cinquiesme et dernier Livre des faicts et dicts héroïques du bon Pantagruel.....* paru en 1564, — onze ans après la mort de Rabelais, — et publié par un nommé Jean Turquet, lequel a signé de son anagramme *Nature quite* une épigramme intitulée « Rabelais est-il mort ? » placée après la table de ce volume. Les curieux recherchent aussi un fragment de ce cinquième livre, paru deux ans auparavant, sous le titre : *l'Isle sonnante, par maistre François Rabelais..... imprimé nouvellement,* 1562, plaquette rare, petit in-8°, dont le texte fut un peu modifié dans le volume ci-dessus.

Il est intéressant encore de posséder avec ces diverses œuvres originales, le fameux et bizarre volume intitulé : *les Songes drôlatiques de Pantagruel, ou sont contenues plusieurs figures de l'invention de maistre François Rabelais.....* première édition de Paris, Richard Breton, 1565, de format petit in-8°. Ces figures grotesques et satiriques furent inspirées à un artiste humoriste par les œuvres de Rabelais, mais non dessinées par lui, comme semble l'indiquer le titre. Le recueil en est très rare et très cher.

Vous ferez bien d'acquérir l'édition complète des *Œuvres de Rabelais,* publiée à Amsterdam chez Henry Bordesius, en 1611, contenant 5 volumes

petit in-8°. C'est une des meilleures ; elle contient
d'intéressantes remarques de Le Duchat et Bernard
de la Monnoye. Choisissez le grand papier. Une
superbe édition a paru en 1741 ; elle renferme 3 volumes in-4°, ornés de portraits et de belles gravures
d'après Bernard Picart et Du Bourg. Mais le texte
est moins correct que dans celle de 1711.

Parmi les poètes de la fin du XVI° siècle, vous
pouvez acheter les œuvres de J.-Antoine de Baïf,
de Remy Belleau, de Joachim Du Bellay. Surtout,
ne manquez pas d'avoir les œuvres de Ronsard,
dont la plus belle édition est celle de 1567, en
6 tomes petit in-4° ; la plus complète et la meilleure est celle de Paris, chez Nicolas Buon, 1623,
mais elle est de format in-folio et par conséquent
moins facile à placer dans des rayons. Les *Œuvres
de Vauquelin de La Fresnaye* sont fort recherchées ;
l'édition de 1605 ou celle de 1612, qui n'est autre
que la même avec un nouveau titre, se vendent
cher. Un autre poète, normand comme Vauquelin,
est assez estimé et ses œuvres offrent d'ailleurs un
certain intérêt très piquant. C'est Courval-Sonnet,
gentilhomme virois. La plupart de ses pièces sont
satiriques et forment contraste, par leur allure libre
et gauloise, avec la poésie fade et un peu naïve de
cette époque. On trouve difficilement la première édition, datée de 1621, intitulée *les Satyres*

*du sieur Thomas de Courval-Sonnet et Satyre Mé-
nippée sur les poignantes traverses du mariage,*
in-8°, et surtout l'édition originale séparée de 1609,
de la *Satyre Menippée contre les femmes et les
poignantes incommoditez du mariage.* Les éditions
suivantes sont toutes presque aussi rares ; celle de
1622, sous le titre d'*Œuvres satyriques,* est très
recherchée, ainsi que celle de 1627 ; cette dernière
est la plus complète de toutes.

### Enfin Malherbe vint...

Nous arrivons à Malherbe et quand je vous aurai
donné le conseil d'acheter l'édition originale si précieuse de ses œuvres, publiée à Paris, chez Ch. Chap-
pelain, en 1630, ou la bonne et belle édition donnée
en 1757, par Lefebvre de Saint-Marc, je m'arrêterai
là dans mes citations. Les œuvres de Malherbe
forment en effet une transition toute naturelle
entre les ouvrages des poètes de la Pléiade et autres
écrivains du XVIᵉ siècle que je viens de citer, et les
ouvrages immortels de nos grands génies du XVIIᵉ,
que je vous ai énumérés ailleurs.

## XI

JE crois vous avoir promis, mon ami, de vous dire quelques mots des vieux manuscrits enluminés, dont chaque bibliophile qui se respecte doit posséder au moins un échantillon. Les plus beaux et les plus recherchés parmi ces ouvrages de patience, qui méritent aussi quelquefois d'être appelés des œuvres d'art, sont ceux du XIII⁰, du XIV⁰ et du XV⁰ siècle. Les manuscrits antérieurs à ces époques présentent certainement beaucoup d'intérêt, mais conviennent mieux à des bibliothèques publiques ou à des érudits qu'à des bibliophiles. D'ailleurs leur rareté les fait payer très cher, surtout lorsque le texte est orné d'enluminures, dont le dessin, quoique sou-

14

vent très primitif, offre un certain caractère de naïveté et de puissante expression.

Pour vous qui n'avez pas encore une bibliothèque importante, et qui pouvez compter sur beaucoup d'années pour former votre collection, achetez donc d'abord quelques beaux spécimens de manuscrits du xv⁰ siècle, enrichis de miniatures des différentes écoles. L'écriture de cette époque est une belle gothique bien formée et lisible, les dessins des sujets sont beaux et les figures bien modelées. Cela flattera davantage vos yeux et vous causera plus de satisfaction que les manuscrits des siècles précédents. Vous devrez certainement arriver à acquérir aussi des échantillons de ceux-ci, mais lorsque votre goût se sera formé et lorsque, votre éducation artistique et bibliographique étant plus complète, vous pourrez mieux apprécier des œuvres d'un style plus rude, mais plus original et peut-être plus grandiose, étant plus primitif.

Les manuscrits les mieux ornés sont ordinairement les livres d'heures, quelques romans de chevalerie et quelques vieilles chroniques. Malgré leur prix élevé, les premiers sont ceux que l'on paye le moins cher, à mérite égal. Les autres offrent en outre un intérêt littéraire ou historique qui rehausse la valeur de l'œuvre calligraphique et artistique, ce qui ne se rencontre pas dans les livres d'heures.

Votre patriotisme vous commande de donner
la préférence à des œuvres de l'école française, et
vous rencontrerez là, certes, de merveilleux chefs-
d'œuvre ; mais il ne faut pas négliger d'examiner
aussi les manuscrits des autres écoles, dans lesquels
vous trouverez des miniatures admirables. Entre
les trois écoles principales de France, les connaisseurs établissent du premier coup d'œil une distinc-
tion marquée : l'école de Paris brille par l'élégance
et la crânerie de son dessin ; celle de Bourgogne,
par une plus grande simplicité de composition,
mais une grande élévation de sentiment et aussi
par une sobriété de ton peu habituelle à cette
époque ; l'école de Touraine, surtout celle de la
seconde moitié du XVᵉ siècle, réunit une composition brillante et expressive à un coloris étin-
celant.

En dehors des écoles françaises, il ne faut pas
manquer de chercher quelques beaux spécimens
dans l'école flamande surtout et dans l'école italienne ; l'une offre déjà à cette époque la précision,
la minutie de dessin qui a toujours caractérisé les
œuvres des artistes du Nord ; l'autre, plus idéaliste,
sacrifie moins à la forme et au détail et parle plus à
l'âme. Chez les peintres italiens de cette époque,
comme toujours d'ailleurs, le coloris est ordinairement plus éclatant, les tons sont plus chauds, disent

les connaisseurs, — question de tempérament, de climat et de soleil.

Il existe, dans les manuscrits du xive et du xve siècle des diverses écoles, un genre de miniatures différent de ce qui avait été fait jusqu'alors, et qu'on appelle « grisaille », à cause de l'unique teinte grise qui y est employée. Les manuscrits ornés de ces dessins sont, plus particulièrement encore, l'objet des recherches et des convoitises des amateurs. Ils sont d'ailleurs beaucoup plus rares que tous les autres, ce genre difficile de miniature n'ayant été tenté que par peu d'artistes.

Vous, mon ami, qui êtes allé visiter la collection superbe de M. Ambroise-Firmin Didot, avant que les enchères l'eussent dispersée, vous avez pu voir là les plus beaux spécimens de manuscrits ornés, de toutes les époques, et dont quelques-uns remontaient environ au viie siècle. Vous avez rencontré là, entre autres, quelques types ravissants des miniatures de l'école française de Bourgogne, dans le fameux missel exécuté, paraît-il, pour Charles VI et sa fille, missel dont l'histoire a fait le tour du monde, racontée dans la presse, il y a quatre ou cinq ans, à l'époque de l'une des ventes Didot.

L'école de Touraine y était aussi brillamment représentée par le missel de l'église de Tours, qui renfermait plusieurs grandes miniatures admi-

rables de composition, de dessin et de coloris. Vous
rappelez-vous, en fait de « grisaille », le bijou de
manuscrit de tout petit format, qui était venu à
M. Didot de la collection De Bure et que les
bibliophiles appelaient pour ce motif le manuscrit
de De Bure? Ce joli livre de prières, qui contient
entre autres miniatures charmantes, une tête de
Christ d'une idéale beauté, peut être pris comme
modèle des plus belles productions de l'école flamande du xvᵉ siècle. Il appartient à M. le baron
de La Roche-Lacarelle. Un autre petit manuscrit
du même genre, et admirable aussi, est en la possession d'un autre amateur, M. le comte de Sauvage,
qui l'a découvert en Italie.

Parmi les œuvres calligraphiques et artistiques
plus anciennes qui ont été offertes à vos regards,
vous avez pu admirer le grand et beau volume
exécuté pour Charlemagne et contenant « les quatre
évangiles », manuscrit qui appartient au musée
d'Abbeville et qui figurait à l'Exposition rétrospec-
tive des Arts décoratifs en 1882. Les manuscrits
de cette époque et, en général, ceux des premiers
siècles de notre ère, jusqu'au xiᵉ environ, sont
beaucoup plus lisibles que ceux des siècles suivants.
Ils sont écrits en lettres onciales ou lettres romai-
nes, d'une grande simplicité, sans fioritures, avec
de nombreuses abréviations que l'on comprend

facilement aussitôt qu'on en a la clef ; tandis que
les livres des siècles suivants, jusqu'au xv$^e$, sont
écrits en gothique plus ou moins bien formée, avec
force majuscules en arabesques ou lettres historiées,
ce qui empêche de bien comprendre les abréviations et en rend la lecture difficile.

L'usage des lettres rondes est revenu plus tard,
vers la fin du xv$^e$ siècle, pour les livres imprimés,
et ce sont ces caractères qui, après avoir lutté
pendant plusieurs années contre les caractères
gothiques, ont fini par s'implanter définitivement
chez nous, après avoir subi quelques modifications
et quelques perfectionnements.

Quant aux peintures qui ornent les livres des
époques carlovingiennes, elles se ressentent, comme
les différents motifs de décoration qu'on y rencontre,
de la simplicité du style roman. Elles sont belles,
d'une beauté sévère et expressive, sans grâce, mais
sans mièvrerie. L'école byzantine, pourtant plus
ancienne, n'avait pas encore importé chez nous
cette finesse d'exécution et cette merveilleuse habileté qui la distingue, habileté qui s'exerçait presque
toujours au détriment de la largeur de conception
et de la puissance du caractère de l'œuvre.

L'époque gothique donna naissance à un grand
nombre de livres intéressants dont les enluminures
ou miniatures, dessinées avec un plus grand soin

et de plus en plus enjolivées, flattent davantage les yeux des bibliophiles de nos jours. A mesure qu'on se rapproche de la Renaissance, les progrès faits dans l'art du dessin, surtout dans l'art de modeler avec grâce les figures et de rendre élégamment les formes et le mouvement des personnages, arrivent à leur plus haute expression. Aussi, quelques œuvres du XVᵉ siècle sont-elles d'une grandeur de style et en même temps d'un fini incomparables. Telles sont, par exemple, les miniatures exécutées par des artistes comme Andrieu Beauneveu, Jehan Foucquet, Jehan Clouet et Jehan Poyet, en France ; les Van Eyck, Jean de Bruges, Memling, dans les Flandres, etc... et par les élèves de ces grands maîtres.

Comme je vous l'ai conseillé au commencement de ma lettre, mon ami, ce sont des manuscrits de cette époque qu'il faut acheter avant tout ; vous en trouverez facilement, car il en fut produit une quantité innombrable. Il s'agit de choisir et, pour cela, je suppose que vous avez assez de goût et de connaissance en art pour ne pas vous tromper.

Vous n'aurez guère à chercher dans les œuvres calligraphiques du XVIᵉ siècle ; elles sont peu nombreuses, surtout dans la dernière moitié. Celles des premières années, jusqu'au règne de Henri II, ont encore du mérite, mais après cela une décadence complète se fait sentir, et il faut arriver jusqu'à la fin du règne de Louis XIII pour trouver quelques manuscrits dignes d'être cités. A ce moment, et pendant le règne de Louis XIV, quelques écrivains très habiles se produisirent ; Jarry, Duguernier, Aubriet et plus tard Gilbert, exécutèrent à la plume des livres charmants que vous ferez bien d'acqué- rir lorsque vous en rencontrerez. Les volumes écrits par Jarry surtout sont des merveilles d'habi- leté et de patience que les amateurs apprécient hautement, car leur enthousiasme se traduit par des chiffres d'une éloquence très significative. Tâchez de rencontrer un « Jarry », si modeste qu'il soit ; et si vous ne le payez que quelques centaines de francs, ou même quelques mille francs, selon son importance, vous ferez une bonne affaire.

Est-il utile de vous rappeler l'histoire si connue de la *Guirlande de Julie,* ce bijou de livre que le duc de Montausier fit exécuter entièrement à la main, par Jarry, en deux formats différents, et illus- trer de peintures de fleurs par Nicolas Robert, pour la belle Julie d'Angennes, marquise de Rambouillet, qui devint ensuite sa femme? Ce livre était sorti de la famille, il y est rentré depuis quelques années, à grands frais ; à ma connaissance, un bibliophile offrit à l'ancien possesseur 40,000 fr. du plus beau des deux exemplaires, celui du plus

grand format, relié par le fameux Le Gascon.
Celui-là appartient actuellement à M^{me} la duchesse
d'Uzès, une héritière des Montausier, bien digne
de posséder ce trésor, composé et écrit tout exprès
pour une de ses aïeules, dont l'esprit ne fut égalé
que par la beauté et par la grâce.

Plusieurs volumes fort jolis, écrits par Jarry, ont
subi le feu des enchères depuis bon nombre d'années, et tous ont atteint, suivant l'importance et
aussi suivant l'ornementation, les prix de 1000 à
10,000 ou même 12,000 francs. J'oubliais de vous
dire que la plupart des livres de cet habile calligraphe sont signés à quelque endroit, toujours
à peu près ainsi : *C. N. Jarry scripsit,* avec la
date. Il est évidemment inutile de vous dire, comme
les parfumeurs ou les fabricants de chocolat l'écri-
vent sur leurs enseignes : *Évitez les contrefaçons ;*
je ne crois pas qu'il en existe, et, s'il existait des
imitations, je suis persuadé qu'il est impossible de
s'y laisser prendre.

Je vous ai cité tout à l'heure le nom de Gilbert,
calligraphe habile qui vint un peu plus tard. Cet
artiste fut le maître d'écriture de Louis XV. Il
exécuta, entre autres œuvres d'un certain mérite,
quelques livres de prières pour le Roi et pour sa
maison. J'ai vu il y a quelques années, à la librairie
Fontaine, un de ces volumes fort bien écrit et

dont le libraire demandait, je crois, 1,800 francs. Un autre, portant les armes de la reine Marie Leczinska, a passé l'année dernière en vente publique et a atteint un prix plus élevé encore.

Il faut vous arrêter là, mon ami, dans l'acquisition des manuscrits calligraphiés et illustrés. Les ouvrages de ce genre, postérieurs à la fin du XVII$^e$ siècle ou au commencement du XVIII$^e$, sont rarement dignes de figurer dans une bibliothèque choisie.

# XII

LUSIEURS fois, dans le cours de ces lettres, j'ai eu l'occasion de vous parler de
la mode, qui exerce son influence aussi
bien en bibliophilie qu'en ce qui regarde le costume, l'ameublement, l'ornementation, etc... Je me suis souvent demandé si, dans le
goût des livres, c'était, comme dans les autres branches de l'industrie ou du commerce de luxe, le pro-
ducteur, le fabricant, le vendeur qui imposait ses
idées, ou si c'était l'acheteur, le client, l'amateur en
un mot, dont les préférences arrivaient à faire loi.

Je précise : Aujourd'hui le bibliophile, ou, pour
généraliser davantage, l'acheteur de livres, recherche
particulièrement les ouvrages illustrés du XVIII<sup>e</sup> siècle

et du XIX$^e$, ou même les volumes qu'on publie actuellement à grand prix et à grand renfort de gravures ; il achète aussi des *romantiques*, romans ou pièces de théâtre, dont j'ai eu l'occasion de vous signaler un certain nombre dans d'autres lettres. Mais il commence à négliger un peu les ouvrages plus anciens, du XVII$^e$ siècle et des siècles antérieurs ; ce qui fait la grande joie de quelques vieux bibliophiles, restés fidèles aux livres précieux de ces grandes époques, et plus sûrs désormais de trouver à de meilleures conditions les volumes qui leur manquent.

Or, il y a quelques années à peine, comme je vous l'ai dit, je crois, les livres tant dédaignés actuellement avaient une grande valeur, tandis que ceux du XIX$^e$ siècle, surtout les romantiques, se vendaient à peine au poids du papier, et on faisait fi des illustrations du XVIII$^e$. A cette époque-là vivaient (j'allais dire régnaient) des libraires modestes et sérieux, mais savants en bibliographie, connaissant à fond les livres anciens, leur mérite, leur rareté, leurs provenances, pour avoir étudié tout cela longuement, patiemment, on pourrait presque dire avec ferveur. Tout commerçants qu'é-taient ces hommes, ils ne sacrifiaient point entièrement la science bibliographique ou la satisfaction d'apprendre à connaître les livres, au désir fiévreux

dc les revendre de suite, sans les avoir à peine
regardés, et surtout à l'espoir d'un gain considérable, presque scandaleux, qui multiplié avec une
rapidité vertigineuse aurait pu leur donner en quelques années une grande fortune. Peu de libraires
de la génération précédente sont devenus riches,
en effet, et beaucoup n'ont acquis qu'une aisance
modeste.

Les amateurs de cette époque-là, heureux dc
trouver des bouquinistes avec lesquels ils pouvaient
causer des livres d'un autre âge, ne songeaient
guère à acheter des ouvrages modernes. Le
XVᵉ siècle avec ses précieux échantillons de la typographie naissante, le XVIᵉ avec ses poètes, ses romans
de chevalerie, ses ouvrages illustrés de gravures
magistrales, et le XVIIᵉ avec ses chefs-d'œuvre littéraires de toutes sortes, suffisaient à nos grands bibliophiles. Ils étudiaient ces œuvres de mérite chez leurs
libraires, lesquels étaient eux-mêmes enchantés de
faire valoir ainsi leurs connaissances et d'en acquérir
d'autres quelquefois, au contact de bibliophiles aussi
expérimentés qu'eux et plus érudits encore.

Ce fut l'époque des J.-J. de Bure, des Renouard,
des Crozet, des J. Techener, des Potier, tous, hélas !
disparus, malheureusement sans laisser de successeurs dignes de leur être comparés. Et ces libraires
vécurent pendant quarante à cinquante années de

notre siècle, toujours en relations familières, disons
même souvent amicales, avec l'élite des amateurs
français et étrangers. On vit passer successivement,
dans les officines de ces hommes sans prétention,
des amateurs hommes de science ou de haute lignée,
comme Guilbert de Pixerécourt, Charles Nodier,
Armand Cigongne, Victor Cousin, le comte de la
Bédoyère, Armand Bertin, le comte de Lignerolles,
le duc d'Aumale, le baron de La Roche-Lacarelle,
le marquis de Ganay, Eugène Dutuit, le prince
d'Essling, Yemeniz, Ambroise Firmin-Didot, lord
Ashburnham, Jacques-Charles Brunet le grand
bibliographe, le comte de Lurde, le baron J. Pichon,
et plusieurs autres qui donnèrent au goût de la
bibliophilie un élan jusqu'alors inconnu. Bien peu
de ceux-là survivent hélas !... mais les uns et les
autres ont droit à l'expression de nos sympathiques
respects et de notre admiration ; il est regrettable
que la tradition adoptée par eux en bibliophilie
n'ait pas été suffisamment conservée par la génération actuelle d'amateurs.

Tout change en ce monde, et ces mots fatidiques
paraissent donner une explication suffisante aux
variations du goût des bibliophiles. Cependant
tâchons d'en découvrir les motifs. Notre siècle est
incontestablement le siècle de l'argent et du papier,
l'un faisant valoir l'autre ou l'anéantissant tour à

tour. Les anciens bibliophiles, presque tous gentilshommes ou propriétaires, écrivains ou artistes,
n'avaient aucunement l'idée de spéculer sur leurs
collections, pas plus sur les livres que sur les tableaux
ou les objets d'art. Ils achetaient les livres anciens
qui leur plaisaient, sans arrière-pensée d'agiotage
où de bénéfice, et ne payaient pas très cher d'ailleurs
même les plus beaux ouvrages. Et comme le
nombre de ces amateurs était alors passablement
restreint, la rivalité entre eux était moins grande et
les volumes anciens revenant alternativement en
circulation étaient suffisants pour les satisfaire. Peu
à peu le nombre des bibliophiles s'étant accru, et les
*desiderata* ne portant toujours que sur les beaux et
bons livres des trois siècles passés, il en est résulté
une plus grande rareté de ces ouvrages et une
hausse dans leur prix.

Là comme à la Bourse et comme partout où il
s'agit de mouvement ascensionnel des prix d'objets
quelconques, ou de valeurs financières, la spéculation est venue pour profiter du mouvement, que les
libraires ne pouvaient qu'encourager dans leur
intérêt. Les spéculateurs ont réussi pendant quelques années à maintenir et à accentuer la hausse,
qui est arrivée jusqu'à l'exagération. Le goût des
livres n'était plus dès lors une satisfaction douce et
calme comme autrefois, c'était une véritable névrose.

Or, comme les névroses, surtout celles qui affectent le cerveau, se résolvent par une catastrophe finale ou un ramollissement du système intellectuel, la spéculation sur les livres devait elle-même avoir une mauvaise fin. C'est ce qui est arrivé ; une baisse importante s'est produite en quelques mois, et a atteint en général les ouvrages surfaits.

Autre motif : les financiers qui s'étaient mis à acheter des livres ont tous été plus ou moins atteints, soit directement par le *krach* financier, soit par ses conséquences, et leur retraite immédiate comme acheteurs de livres a encore fait accentuer la baisse.

Mais pendant que les grands acheteurs faisaient des folies sur les livres anciens, des bibliophiles plus modestes, de jeunes amateurs, suivant la mode du jour ou suivant leurs goûts, s'étaient mis à acheter aussi, et, ne pouvant ou n'osant encore aborder les volumes cotés très haut à la « bourse des livres », avaient songé à collectionner des ouvrages modernes, qui étaient encore à bon marché quoiqu'ils fussent intéressants.

C'est alors que quelques libraires intelligents et encore peu lancés eux-mêmes, parce qu'ils avaient moins d'argent que les gros *maladores* de la librairie, ont eu l'idée d'encourager chez les jeunes amateurs ce goût des livres modernes. Ils se sont

chargés de faire sortir les plus beaux et les plus
intéressants d'entre ces derniers des recoins ou des
bibliothèques de province où ils avaient été oubliés.
De belles collections modernes se sont ainsi formées
et, la mode aidant, un certain nombre de bibliophiles anciens ont suivi les nouveaux sur ce terrain. La rivalité existant ici comme autrefois, tant
parmi les amateurs que parmi les libraires, les
livres modernes ont acquis eux-mêmes une certaine
valeur.

On peut constater même que plusieurs ouvrages
de notre époque se vendent maintenant plus cher
que de beaux livres anciens. Je regarde comme inutile de vous les rappeler ici, vous les ayant cités à
peu près tous dans le cours de mes lettres. Vous
vous rappelez même sans doute que j'ai traité de
folie l'exagération du prix de quelques-uns de ces
volumes, chose dont je me repens presque aujour-
d'hui, car je crois qu'il n'existe vraiment pas d'a-
mateur sans un grain de cette folie, dont Érasme
fit autrefois un si éloquent éloge.

Il faut espérer que, comme en philosophie,
l'éclectisme va ramener dans le sein de la bibliophilie des idées moins exclusives, et que nous allons
revoir se former d'intéressantes bibliothèques, composées de beaux et bons volumes de toutes les
époques. On verra ainsi chez nos amateurs érudits,

16

sensés et délicats, les beaux manuscrits du Moyen Age ou de la Renaissance s'élever sur leurs rayons, non loin des meilleurs ouvrages de notre époque de progrès et de science, en laissant une large place aux superbes monuments de la typographie du xv⁰ siècle, du grand art du xvi⁰, de l'élévation de pensée et de style du siècle de Louis XIV et aux petits chefs-d'œuvre d'illustration gracieuse et légère du xviii⁰ siècle. C'est la grâce que je vous souhaite, mes frères en bibliophilie ou en librairie !

# XIII

Vous venez de vous marier, mon ami, et les joies du foyer vous enlèvent momentanément aux distractions quotidiennes que vous procurait le goût militant de la bibliophilie, mais sans vous y faire renoncer entièrement. Je suis heureux de vous voir agir ainsi, et votre conduite, qui continuera d'être la même, j'en suis persuadé, me servira de preuve contre les détracteurs de notre goût des beaux et bons livres. Bien des gens, en effet, — des femmes surtout, est-ce pour cause ? — prétendent que notre intelligente manie du bouquin, comme elles disent, possède une influence pernicieuse sur les relations matrimoniales. Comme les femmes, avec leur grâce adorable, se contentent ici de rester hypocritement dans les généralités, il est peut-être bon de tâcher de surprendre le fond de leur pensée, ne leur en déplaise. Permettez-moi de leur consacrer aujourd'hui cette lettre.

Votre charmante compagne vous a approuvé dans vos goûts et vos idées ; j'ai donc plutôt l'espoir de l'avoir pour alliée que la crainte d'être forcé de lutter contre elle comme ennemie, ce qui me causerait un véritable chagrin.

Or donc, Mesdames, vous croyez (je vous ai devinées) que l'amour des livres vous enlève un petit coin du cœur de vos maris, et vous vous insurgez contre cette horrible passion. Nous ne voulons certes pas vous reprocher un tel sentiment, qui ne peut que nous flatter et nous faire croire à la force de votre tendresse pour nous ; tendresse qui ne peut souffrir de rivalité, même chez les objets inanimés. Nous aimons les livres, donc, supposez-vous, nous devons moins aimer notre femme. Je commence à croire que vous jouez un peu sur les mots, et que le mot *amour*, introduit dans le vocable que nous employons pour désigner notre goût à l'égard de malheureux petits volumes, vous semble profané. En cela je suis de votre avis et je ne puis me pardonner d'employer moi-même ce mot dans une pareille acception. Hélas ! il est pour-

tant bien autrement profané dans beaucoup d'autres
cas ! Ne dit-on pas : l'amour de la chasse, l'amour
des chevaux, l'amour du jeu, l'amour du vin, etc...
Il est vrai qu'on dit aussi : l'amour de l'art, l'amour
de la patrie, ce qui est mieux.

Quant à l'affection que nous cesserions de vous
porter, selon vous, si nous venons à avoir le goût des
livres, soyez sans crainte. Il est, au contraire, prouvé
que le vrai bibliophile est un être de mœurs douces
et de cœur aimant. Dans tous les cas, si vous avez
des rivalités à redouter, croyez-moi, ce n'est pas celle
de ces bons et fidèles compagnons de nos veilles,
que nous feuilletons pour orner notre esprit, reposer
notre cerveau, surtout lorsque vous nous manquez
ou lorsque les exigences de la vie ou de la société
nous appellent loin de vous.

Mais il est un grave motif qui détermine votre
courroux contre les maris bibliophiles. Vous êtes,
Mesdames, très positives, sans en avoir l'air. Les
livres, dites-vous, coûtent cher, et avec le prix de
tel ou tel ouvrage on pourrait acquérir des choses
beaucoup plus utiles. — Traduction presque toujours : « Avec le prix de ces méchants bouquins,
combien de belles robes ou de bijoux ne pourrait-on
pas avoir ! » — Mesdames, vous parlez d'or ! comme
disaient les anciens. Et lorsque vous ajoutez, — cela
vous arrive quelquefois, — « qu'il vaudrait mieux

acquérir des rentes que des livres, » je serais bien tenté de vous donner raison, si de nombreux exemples recueillis par d'autres ou par moi ne venaient se jeter en travers de votre opinion et vous donner tort moralement, sinon matériellement.

Je vais tâcher de vous convaincre.

Prenons, si vous le voulez bien, le goût des livres à son début, à son état embryonnaire, chez l'homme que vous avez bien voulu gratifier de votre tendresse et auquel vous avez daigné permettre de partager votre existence. — Vous voyez, je suis très..... moyen âge, pour vous engager à me lire jusqu'au bout. — Cet homme arrive un jour avec un livre à la main. Il vous a entendu dire hier que vous aviez un peu d'ennui, que vous ne saviez à quoi employer certaines parties de vos journées... Et il a jugé, en homme intelligent et en mari affectionné, que la lecture d'un livre intéressant pourrait peut-être contribuer à dissiper les nuages légers qui voltigent sur votre front d'ivoire.

Il dépose donc sur vos genoux le livre qu'il a choisi aussi intéressant que possible. Vous êtes déjà flattée de cette attention, à moins que vous n'ayez le caractère de deux ou trois petites-maîtresses de ma connaissance, qui considèrent l'homme comme leur vil esclave, et ne croient pas devoir accepter une gracieuseté qui leur est faite, autre-

ment que comme une humble marque de servage
d'un vulgaire mortel vis-à-vis d'une divinité. Mais
je suis persuadé que de telles créatures sont rares,
et ne les regardant pas à mon tour comme femmes,
puisque l'apanage de celles-ci est la grâce et la bien-
veillance aimable, je ne m'adresse pas à celles-là.

Vous êtes naturellement curieuses, Mesdames, et
n'eussiez-vous guère envie de lire, vous ne manquez
pas d'ouvrir le volume, pour savoir au moins « ce
que c'est ». Si votre mari a su s'y prendre, connaissant votre goût, le livre sera certainement lu par
vous, tôt ou tard, et vous y prendrez intérêt.

La lecture terminée, direz-vous, le volume devient inutile; j'ai connu des gens qui le jetaient
dans un coin, d'où il sortait plus tard, avec beaucoup d'autres, revendus, en moyenne, pour quelques
sous, et ne valant guère davantage, tant ils étaient
détériorés. Eh bien! voilà, Mesdames, où je vais
donner raison à votre goût spéculatif, et vous fournir les moyens de le satisfaire.

Lorsque votre mari a acquis le volume, s'il n'est
pas bibliophile, il a pris, sans regarder, l'édition
quelconque qui lui a été offerte; et cette édition
une fois coupée, lue et sans doute un peu froissée, a
perdu plus de 50 à 60 pour 100 de son prix, quand
ce n'est pas davantage; tandis que, si votre mari
aime les livres, il choisira une édition originale de

l'ouvrage qu'il veut vous offrir, ce qui est encore facile à trouver lorsque le livre a paru depuis peu de temps. Or, comme les éditions premières de chaque ouvrage ont été de tout temps et sont surtout à l'heure qu'il est de plus en plus recherchées, elles finissent en peu de mois ou en peu d'années par être cotées à un prix bien supérieur à celui de l'acquisition. En un mot, vous possédez ainsi des objets dont la valeur va toujours croissant, et si vous désirez un jour les vendre, soit pour en acheter d'autres, ou encore pour avoir les bijoux ou les rentes que vous convoitez, il se trouve que vous avez fait *une bonne affaire* et réalisé un beau bénéfice.

Cela force aussi votre mari à vous choisir des livres intéressants, de bons auteurs, car ce sont ceux-là seuls qui acquièrent de la valeur. Témoin les premières éditions des ouvrages, même récents, d'Alphonse Daudet, Octave Feuillet, Ludovic Halévy, Émile Zola, et plusieurs autres, qui ont déjà triplé, quadruplé ou quintuplé de valeur ; ou pour remonter un peu plus loin, les volumes de Victor Hugo, Alfred de Musset, Lamartine, Théophile Gautier, de Balzac, George Sand, dont les éditions originales se vendent aujourd'hui à des prix fort élevés.

On a vu des bibliothèques formées à peu de frais il y a cinquante ans, avec des volumes à 4 francs ou 6 francs, de l'école romantique, par exemple, se vendre dans ces derniers temps cinquante fois plus cher qu'elles n'avaient coûté.

Je raisonne ici, Mesdames, sur de petites sommes, pour flatter votre manière de voir, un peu mercantile mais, je n'en doute pas, tout à fait sérieuse et respectable. Vous allez m'objecter que la passion du bibliophile est différente et s'exerce sur une bien plus grande échelle. J'allais en venir là, et comme je sais que vous êtes d'habiles diplomates et que votre éloquence est fort entraînante, j'ai tâché de tout prévoir.

Admettons, si vous le voulez bien, que vous ayez quelquefois l'envie de relire des ouvrages qui vous auront plu une première fois, des romans ou des pièces de nos classiques, enfin des œuvres quelconques. Si vous ne possédez plus ces ouvrages, qui auront passé chez le bouquiniste, vous êtes forcées ou de renoncer à satisfaire votre désir, — détermination rare chez une femme, — ou d'acheter de nouveau les livres, — double dépense ; — alors, que vous n'auriez qu'à aller les prendre, de vos doigts délicats, dans votre bibliothèque ou dans celle de votre mari, si vous aviez eu la bonne idée de les y conserver. Et voulez-vous me dire, Mesdames, quelle est celle d'entre vous qui ne se trouve, un jour ou l'autre, dans le cas de désirer, immédiatement, un

17

livre à lire, ou à relire, pour la distraire de quelque
ennui!..... Le temps qu'on emploiera à aller vous
quérir ce livre, si vous n'êtes même pas obligées de
l'attendre jusqu'au lendemain, ne suffira-t-il pas
pour vous faire changer d'idée? L'impossibilité de
voir votre désir exaucé à l'instant même n'irritera-
t-elle pas terriblement votre frêle organisation de
sensitive, ou ne donnera-t-elle pas à votre système
nerveux l'occasion d'exercer violemment sa puissance, souvent trop disproportionnée dans votre
être tout charmant?

Je livre cela à vos méditations et je passe aux
objections les plus graves.

Oui, certes, Madame, votre mari devenu bibliophile pourra arriver, après avoir commencé par
acheter des premières éditions de livres à 3 francs,
à acquérir ensuite des volumes qui coûteront
300 francs, sinon davantage. J'admets d'abord que
vous ayez une fortune suffisante pour vous permettre des dépenses de luxe, et je suppose que votre
mari puisse, sans causer de gêne dans votre intérieur, se passer quelques fantaisies. Croyez-moi, ne
réprouvez point chez lui le goût, la manie même
des livres; et si vous voyez engloutir dans ses vitrines une assez forte partie des sommes destinées
au superflu, encouragez encore ce goût ou cette
manie. Dites-vous que, s'il ne vous reste pas à la fin

de chaque année certaines sommes d'argent à employer autrement ou à joindre au capital pour
grossir votre fortune, il reste en nature, c'est-à-dire
en livres précieux, une valeur certaine ; car les volumes bien achetés, si chers qu'ils paraissent, con-
servent toujours au moins leur prix, quand ils n'acquièrent pas de plus-value. De l'argent employé ici,
il ne resterait peut-être plus aucune trace, s'il avait
servi à payer d'autres fantaisies.

Et puis, franchement Mesdames, sortons donc un
peu de ce raisonnement assez mesquin et plaçons-
nous à un point de vue plus élevé. Ne croyez-vous
pas que nous tous, êtres bien imparfaits, hélas ! auxquels heureusement vous voulez bien de temps en
temps, prêter ou donner le gracieux appoint de vos
vertus, nous avons besoin d'avoir dans notre existence un jouet, un hochet, une marotte, chose qui
correspond toujours à nos sentiments, bons ou mauvais, à nos défauts ou quelquefois même à nos qualités, — les naturalistes diraient : à notre tempérament. — Eh bien ! le goût des livres est un de ces
jouets, une de ces marottes, si vous voulez, comme
le goût des porcelaines, des bronzes, des tableaux,
des vieux meubles, des tabatières.

Mais je prétends que le collectionneur de livres
rencontre des satisfactions bien plus diverses et bien
plus durables.

En effet, lorsqu'on a regardé un certain nombre de fois les objets dont il est question plus haut, on doit finir par se blaser et l'œil doit en être repu. Les livres, au contraire, offrent d'abord les satisfactions immédiates des yeux, de l'esprit et souvent aussi du cœur. En lisant, on peut éprouver des émotions de toutes sortes. Le livre vous instruit, vous amuse, vous indigne, vous fait rire, vous arrache des larmes, vous flatte les yeux par sa belle impression typographique, par ses gravures, par l'ornementation de sa reliure. Et chaque fois que vous reprenez le volume, vous pouvez faire renaître ces émotions différentes. Un livre peut vous distraire pendant de longs instants, de longues heures quelquefois ; la contemplation d'un tableau, si beau qu'il soit, d'une statuette, fût-ce un pur chef-d'œuvre antique, ou un marbre de Houdon, ou une petite et gracieuse terre cuite de Tanagra ; l'examen minutieux, même à la loupe, de chaque personnage campé par Hall ou Blarenberghe sur une tabatière ou une boîte à bonbons microscopique, ne vous occupera guère que quelques minutes : chose à considérer, surtout au milieu d'une existence désœuvrée de grand rentier ou de femme du monde.

Si vous ne possédez qu'une fortune modeste, et que votre mari soit bibliophile, laissez-le acheter des livres, bien entendu dans de moindres propor-

tions eu égard à la petite somme qu'il peut employer en menus plaisirs. Et un jour, vous verrez,
— j'en reviens toujours à vos idées positives, —
lorsque ce gredin, ce tyran viendra à mourir, bien
avant vous certainement, comme vous l'espérez, il
se trouvera que vous possédez dans vos armoires
des valeurs sur lesquelles vous ne comptiez pas.

Je termine ma longue lettre, qui ne vous a pas
amusées, n'est-ce pas, par cette petite histoire toute
crue et positive, comme une réclame de financier
ou de marchand.

Un savant éminent et riche, bien connu, après
avoir beaucoup travaillé, eut tout à coup, à un certain âge, l'idée de former une bibliothèque. Il se
mit à courir chez tous les principaux libraires, à
assister aux ventes publiques, en France, à l'étran-
ger, partout; à recueillir chez des amateurs les livres
que ceux-ci voulurent bien lui céder. On le vit
pendant plusieurs années, achetant, achetant encore
avec une *furia* toute juvénile, quoiqu'il eût, disait-
on, doublé le cap des passions ; et ses bibliothèques
se meublaient, s'emplissaient, s'encombraient ; et des
sommes considérables s'éparpillaient à tous les coins
du monde, en échange des raretés qui entraient
chez notre grand amateur. Si bien que sa respectable compagne, ainsi que ses enfants devenus
grands et chefs de famille à leur tour, s'émurent

bientôt de ce qu'ils appelaient de folles prodigalités. On prononçait même, paraît-il, tout bas les mots d'interdiction, de conseil de tutelle, etc. Mais heureusement on revint à des idées plus indulgentes. Bref, l'éminent bibliophile mourut, et au recensement des sommes employées à former sa remarquable collection, il se trouva qu'un million et demi environ avait été dépensé.

Quelque temps après, on commença à faire procéder à la vente de tous ces livres, admirables, ou précieux, ou rarissimes ; et comme résultat final, la famille put constater que... le million et demi était au moins doublé.

Mes belles dames, qui êtes en grande majorité, à l'heure qu'il est, de sérieux et immuables hommes d'affaires, lisez et réfléchissez. Mais pardonnez-moi cette interminable causerie ; je me suis tellement complu en votre société, que je dois vous avoir fort ennuyées. Prenez un livre intéressant dans la bibliothèque de votre mari, et désennuyez-vous !

Mais comme il serait fort regrettable que des éditions vulgaires ou des livres mal reliés fussent feuilletés par vos jolis doigts, ou vinssent fatiguer vos beaux yeux, vous êtes intéressées à ce que votre mari sache bien choisir ses volumes ou les vôtres et leur donner des reliures dignes de vous.

Mieux encore : je ne désespère pas de voir plu-

sieurs d'entre vous, des plus intelligentes et des plus
distinguées, devenir elles-mêmes bibliophiles, tant
elles auront trouvé que la société des livres possède
d'agréments et de charmes, qui reposent des fati-
gues de cette autre société, à laquelle les femmes
sont fatalement vouées : le monde. Eh ! Mesdames,
la compagnie dans laquelle vous vous trouverez
alors n'est point à dédaigner. Vos petits cénacles
féminins pourront être hantés par les âmes des
nobles et gracieuses beautés d'autrefois, qui dai-
gnèrent accorder à de pauvres livres quelques-unes
des faveurs si hautement appréciées et si ardemment désirées de leurs contemporains. Heureux
livres ! heureuses femmes ! Ces nouveaux amis, ces
confidents plus fidèles et plus discrets que les autres,
durent les consoler quelquefois de grands chagrins,
s'ils furent souvent témoins de véritables joies !

Les souvenirs de célèbres princesses ou de grandes
dames, comme Diane de Poitiers, Louise de Lor-
raine, Marguerite de Valois, Anne d'Autriche,
M<sup>me</sup> de Chamillart, la comtesse de Verrue, la comtesse d'Artois, M<sup>me</sup> de Pompadour, et même l'in-
fortunée reine Marie-Antoinette, pourront vous
apprendre que ces hochets, tant dédaignés peut-
être jusqu'alors, les sauvèrent parfois de bien des
tristesses et leur procurèrent de charmantes ou salu-
taires distractions.

Et même en dehors de ces femmes d'élite du passé, dont l'esprit seul peut être maintenant en relation avec le vôtre, ne trouverez-vous pas, parmi nos grandes dames modernes, à coudoyer les plus célèbres beautés et les plus hautes intelligences? Les plus nobles dames et aussi les plus lettrées ont tenu à faire partie de sociétés bibliophiliques ou littéraires. Ne voit-on pas, par exemple, M<sup>me</sup> la comtesse de la Ferronays, admise dans une célèbre compagnie, où il est plus difficile d'entrer qu'à l'Académie française, d'abord parce qu'on y est moins nombreux, ensuite parce que... on y est toujours très difficile, la « Société des Bibliophiles français » ! Une duchesse de Noailles y fut également admise. M<sup>me</sup> Edmond Adam, une des reines de l'intelligence et du goût, à notre époque où cette royauté domine les autres, fait partie d'une intéressante société, celle des « Amis des Livres ». Plusieurs autres grandes dames, non enrôlées dans ces spirituelles confréries, n'en sont pas moins d'ardentes bibliophiles, et j'espère, Mesdames qui daignez me lire, que beaucoup d'entre vous ne tarderont pas à suivre leur exemple.

XIV

LES bibliophiles ou bibliomanes de nos
jours ne sont pas très logiques parfois.
Ils se laissent prendre d'un bel enthousiasme pour les volumes anciens, sur
la reliure desquels furent frappées les armes d'un
grand personnage des siècles passés ; mais ils jettent
les hauts cris lorsqu'un amateur moderne, un de
leurs collègues en bibliophilie, s'avise de faire ap-
poser ses armoiries sur une reliure qu'il fait exécuter exprès pour lui. Le moindre petit chiffre,
frappé sur une reliure nouvelle, déprécie à leurs
yeux cette reliure, et le volume ainsi déshonoré
perd une grande partie de sa valeur, lorsque, par
hasard, il passe en vente publique ou privée.

18

Ainsi, mon ami, vous voilà prévenu. N'allez pas faire graver sur vos livres ni écusson armorié, ni aucun signe à vous personnel, si vous ne voulez pas encourir les railleries et la réprobation des bibliophiles vos contemporains. Ou alors craignez de ne laisser à vos enfants, — auxquels vous devez penser, j'en suis persuadé, — qu'une bibliothèque dépréciée et sans valeur, si vos héritiers, suivant la mode, se « résignent » à la disperser aux enchères. Cependant vous avez un moyen de sauver la situation ; devenez un grand homme, une célébrité, chose assez facile par le temps qui court, — ne soyez pas ministre toutefois, — et dans un siècle ou deux, votre âme aura la satisfaction de voir les bibliophiles de l'avenir s'arracher à prix d'or les volumes qui vous auront appartenu.

Explique qui pourra cette défaveur jetée par nous tous sur les livres portant une marque ineffaçable de la possession de ces objets par un de nos contemporains. Il serait pénible pourtant de mettre ici en avant de mesquines questions de jalousie ou de rivalité, tout à fait indignes de nos grands cœurs. Pour moi, j'aime bien mieux supposer que les bibliophiles mes frères, gens sages et parfaits, austères philosophes, font assez bon marché de ces hochets de la vanité humaine qu'on appelle des armoiries ou des chiffres. Et s'ils achètent encore

à de grands prix des volumes anciens armoriés,
c'est tout bonnement parce que les amateurs du
passé avaient bien quelque goût et savaient choisir
leurs livres et leurs reliures ; ensuite parce que ces
choses anciennes sont rares et difficiles à obtenir,
et notre nature est telle, que nous n'attachons un
grand prix qu'aux objets dont la possession nous a
coûté beaucoup de difficultés.

Un autre motif pour lequel les armoiries modernes ne nous séduisent pas, c'est que nos graveurs
héraldiques actuels n'ont pas compris le grand
caractère d'archaïsme qu'il fallait laisser aux blasons qu'on leur donnait à exécuter. Au lieu de
graver largement les planches destinées à frapper
les armoiries et de leur conserver cette tournure
un peu incorrecte des blasons anciens, qui ne nui-
sait pas à leur beauté, ils se sont mis à faire de la
gravure précise et mathématique, où la finesse
devient de la mièvrerie et la précision de la séche-
resse. Qu'ils examinent donc comment sont frappées les armes diverses de Jacq.-Aug. de Thou, par
exemple, et celles de Colbert, du comte d'Hoym,
de Mᵐᵉ de Chamillart, du duc de Montausier et de
Julie d'Angennes, de Mᵐᵉ de Pompadour, de la
comtesse d'Artois, du grand Dauphin, de Marie-
Antoinette, etc... Ils verront combien le sentiment
décoratif était supérieur, chez les artistes qui ont

gravé ces écussons, à l'idée d'exactitude et d'indi-
cation de couleur des pièces du blason, auxquelles
les graveurs héraldiques modernes ont trop souvent sacrifié.

Je viens de vous citer quelques noms de personnages dont les volumes armoriés sont l'objet des
recherches constantes des bibliophiles. Il faut vous
dire qu'en général les armoiries, même celles des
hommes les plus illustres, n'ont une grande valeur
pour nos amateurs nouveaux que lorsqu'elles se
trouvent sur des reliures en maroquin. Ainsi,
depuis le XVIᵉ siècle jusqu'à ces dernières années,
on employa, pour la reliure des volumes, plus encore
de peaux de veau, de basane, de parchemin ou de
vélin, que de maroquin ; et quelquefois les bibliophiles du passé firent graver leurs armoiries aussi
bien sur les reliures simples que sur les belles
reliures. Les blasons gravés sur des volumes reliés
en veau, en basane ou en parchemin n'ont presque
pas de valeur. Sur vélin, ils sont un peu plus estimés ; ceux de Jacques-Auguste de Thou, sur vélin,
par exemple, sont quelquefois très recherchés,
presque autant que sur maroquin, lorsque les ouvrages sont en français et offrent de l'intérêt.

La qualité de la reliure, la beauté du dessin, de
l'ornementation et de la dorure, son degré de con-
servation, sa fraîcheur, ont une grande influence

sur son prix. Les plus belles et les meilleures reliures armoriées sont celles qui furent faites pour Marguerite de Valois (la reine Margot), ainsi que celles de Jacques-Auguste de Thou, probablement exécutées par l'un des Ève ; quelques-unes sont couvertes de superbes dorures ; celles de la bibliothèque de Louis XIII et surtout d'Anne d'Autriche qui sortaient presque toutes de l'atelier de Le Gascon, et celles de H. Petit du Fresnoy, qu'on peut aussi attribuer au même artiste ; celles du comte d'Hoym, qui furent faites par Boyet et par Padeloup, de même que la plupart de celles sur lesquelles se voient les insignes de la Toison d'or, marque de Longepierre. Les reliures aux armes de Colbert, celles qui portent l'écureuil du surintendant Fouquet, sont bonnes aussi ordinairement ; cependant les unes et les autres paraissent venir de plusieurs ou au moins de deux ateliers ; les meilleures sont sans doute de Du Seuil.

En se rapprochant de notre époque, on voit encore quelques volumes bien reliés portant des armoiries, comme, par exemple, quelques-uns venant du Régent Philippe d'Orléans, évidemment reliés par Padeloup. De ce nombre est la mosaïque superbe qui recouvre l'exemplaire de *Daphnis et Chloé*, 1718, que je dois vous avoir cité je ne sais plus où dans mes lettres.

D'autres reliures de provenance célèbre du
XVIII<sup>e</sup> siècle sont également bien exécutées, sans
qu'on puisse les attribuer à des relieurs connus.
Quelques-unes de celles de M<sup>me</sup> de Pompadour
viennent peut-être de Derome l'ancien, mais la
plupart étaient faites par un nommé Vente qui les
a parfois signées. D'autres, très richement ornées,
sont d'un relieur-doreur qui s'appelait Monier ou
Monnier. Le duc de Hamilton, dont la vente s'est
faite en 1882, possédait un livre orné d'une splen-
dide reliure à mosaïque, attribuée à MONIER, portant
au milieu les armes de la fameuse reine de la main
gauche. L'ouvrage était la *Rodogune* de Corneille,
édition de luxe, éditée aux frais de M<sup>me</sup> de Pompadour, en 1760, et imprimée, paraît-il, dans son
appartement. Ce volume a été acheté, pour un
grand prix, par M. le comte de Sauvage.

A part toutes ces armoiries, qu'on recherche
quelquefois autant pour la qualité de la reliure que
pour la notoriété du possesseur ancien, il y a des
provenances auxquelles les bibliophiles attachent
une grande valeur. Ce sont celles de quelques sou-
verains, par exemple François I<sup>er</sup>, Charles-Quint,
Henri II, Henri III, Henri IV ; de femmes célèbres,
comme Diane de Poitiers, M<sup>me</sup> de Chamillart,
M<sup>me</sup> Du Barry, quoique la qualité des reliures laisse
à désirer. Les armes de Marie-Antoinette, soit

celles de sa jeunesse lorsqu'elle était dauphine, soit
celles qu'elle prit comme reine de France, sont
extrêmement recherchées. On les considère évidemment comme des reliques ; de plus, elles sont assez
rares, et les amateurs se les disputent avec acharnement et les payent très cher. La qualité de ces
reliures est médiocre ; mais comme elles sont souvent fraîches et bien conservées, et que les blasons
sont parfaitement beaux, elles ont un grand charme.
On en a trouvé un certain nombre dont les écussons
furent recouverts de maroquin, probablement à
l'époque de la Révolution. Sur quelques-unes de
ces plaques de maroquin furent frappées plus tard
de nouvelles armoiries et, lorsqu'on enlève celles-ci
avec précaution, on retrouve les premières dessous,
admirablement conservées. C'est ce qui les a sau-
vées ou de la destruction ou des injures du temps.

Beaucoup d'autres armoiries sont encore recherchées et il serait bien difficile de les désigner toutes
ici. Cela, d'ailleurs, ne vous instruirait pas beaucoup,
mon ami ; tâchez d'en voir le plus possible et vous
apprendrez ainsi bien mieux à les connaître. De
même, pour la valeur qu'on leur attribue, vous ne
vous en rendrez compte qu'en suivant les ventes
publiques, en lisant les catalogues, en voyant les
reliures et en établissant des comparaisons. Il y a
bien une sorte de guide qui pourrait vous aider un

peu dans vos recherches et qui est jusqu'ici unique
en son genre : c'est l'*Armorial du bibliophile,* par
Joannis Guigard. Quoique ce livre soit assez imparfait, il vous rendra cependant des services ; les
armes de chaque personnage y sont gravées en noir
dans le texte, et l'ordre alphabétique des familles
permet de trouver de suite les renseignements dont
on a besoin. Ces renseignements sont parfois très
détaillés. D'autres ouvrages plus anciens sur le
blason, comme l'*Armorial* de Dubuisson, 1757,
2 volumes in-12°, le *Grand Armorial* de Chevil-
lard, l'*Armorial général de France,* par d'Hozier,
10 volumes in-folio, parus depuis 1736, pendant
plusieurs années, jusqu'en 1768, et ensuite conti-
nués par d'autres, puis réédités de nos jours, peuvent
être aussi consultés. Mais, sauf le premier, tous ces
ouvrages sont si encombrants qu'il est difficile de
les avoir chez soi, surtout dans nos appartements
modernes si exigus. Je vous conseille, mon ami, si
vous avez quelquefois le désir de les étudier, de
vous rendre tout bonnement à une bibliothèque
publique, où vous les aurez facilement.

La mode actuelle, pour les bibliophiles qui
tiennent à laisser trace de possession et à marquer
leurs livres d'un signe à eux personnel, est de
coller sur la garde intérieure des volumes une
étiquette en papier ou en peau, sur laquelle se

trouve gravé leur nom, avec des armoiries ou avec
une devise, des ornements ou des attributs allégo-
riques quelconques. On a donné à ces étiquettes le
nom générique d'*ex libris,* parce que ces mots se
trouvent sur presque toutes, suivis du nom du
possesseur.

Les *ex libris* commencèrent à être en usage vers
la fin du xviiᵉ siècle. Bossuet eut un *ex libris* gravé
et tiré en noir sur papier, bien qu'il fît frapper ses
armes en dorure sur beaucoup de livres; Daniel
Huet, évêque d'Avranches, avait aussi un *ex libris*
sur papier, avec ses armoiries. Pendant tout le
xviiiᵉ siècle, on grava un nombre considérable
d'*ex libris ;* plusieurs furent exécutés par de vrais
artistes et sont, d'ailleurs, de petits chefs-d'œuvre
de dessin décoratif et de gravure. A tel point que
des iconophiles se sont mis à les collectionner pour
en faire des albums ou pour les faire entrer dans
des cartons de gravures de choix, comme pièces
d'art véritable.

Cette habitude se passa un peu vers l'époque de
la Révolution, de même que la mode de faire frapper
ses armes sur les volumes ; et c'est seulement
depuis vingt-cinq ou trente ans que le goût des
*ex libris* est revenu aux bibliophiles. Il n'est guère
d'amateur, si modeste qu'il soit, possédant cent
volumes ou en possédant dix mille, qui ne fasse

graver son *ex libris*. Toutes les ressources de l'imagination de l'artiste sont mises en jeu pour en
composer les sujets. Ce sont tantôt des motifs
archaïques, imités de l'art ancien, tantôt des en-
tourages empruntés à la Renaissance ou des copies
d'ornements du xviiie siècle ; parfois ce sont des
reproductions d'un coin de vieux manuscrit gothique ou des arabesques dans le goût oriental ou
byzantin ; souvent la fantaisie domine et l'allégorie
ou la satire s'y donnent libre cours. Le bon goût y
manque quelquefois, mais l'originalité s'y montre
de temps en temps, et c'est déjà quelque chose, à
notre époque d'imitation servile et banale.

La taille des *ex libris* est très variable ; on en
voit qui ont à peine 2 centimètres, et d'autres dont
les dimensions, trop exagérées à mon avis, sont de
10 à 12 centimètres. Tantôt la gravure est faite sur
bois, et tantôt au burin sur cuivre, ou à l'eau-forte.
Quelques amateurs se sont contentés de faire graver
leur nom, entouré d'une simple banderole ou d'une
couronne de feuillages, et de faire dorer ensuite sur
papier de couleur ou sur peau. Ce système, employé
au xviiie siècle, par Girardot de Préfond, est très
bien reçu par les plus grands bibliophiles de nos
jours. Charles Nodier le remit à la mode.

On attache un certain intérêt au choix d'un *ex
libris*. Un ouvrage spécial a été fait sur ce sujet :

*les Ex libris français depuis leur origine jusqu'à nos jours* (par Poulet-Malassis), et deux éditions en ont déjà paru, chez Rouquette, l'une en 1874, l'autre, avec planches, en 1875. Ce volume intéressant contient encore peu de documents, en comparaison de ce qui pourrait être écrit sur ce sujet.

Quand vous adopterez un *ex libris,* mon ami, tâchez qu'il soit d'une grande simplicité, ou attachez-vous à lui faire donner une tournure originale, en ne négligeant pas surtout le côté artistique. Ne me parlez pas de faire imiter ou même copier servilement le dessin d'un *ex libris* ancien ; quand même ce serait un chef-d'œuvre, je trouve que la copie n'en aurait aucun intérêt.

Entre les artistes modernes qui ont dessiné et gravé des *ex libris,* je ne puis m'empêcher de vous nommer M. Aglaüs Bouvenne, dont toutes les œuvres ont un cachet particulier de fantaisie et d'originalité. Homme d'imagination, chercheur patient et lettré, il a su composer avec verve et talent des sujets toujours bien appropriés au genre de bibliothèque, à l'esprit, au goût, et au caractère du possesseur.

En général ces petits sujets sont nettement et délicatement gravés à l'eau-forte, avec une élégance qui n'exclut pas l'énergie et qui n'enlève rien à l'originalité de la conception. J'avoue que j'ai vu d'autres *ex libris* gravés plus finement, à l'eau-forte ou au burin, petites estampes témoignant d'une habileté remarquable chez le praticien qui les avait exécutées. Mais je n'en ai jamais rencontré ayant une aussi fière allure, comme disent les artistes, ni un caractère plus librement expressif que ceux-là.

XV

ORSQU'UN livre a appartenu à un personnage célèbre, et lorsque le possesseur
n'y a pas fait graver ses armes ou son
chiffre, il peut encore avoir un grand
prix si le personnage en question l'a annoté ou y a
apposé sa signature. Alors l'intérêt du volume et sa
valeur sont beaucoup moins absolus. C'est au bibliophile à juger du prix, d'après le mérite plus ou
moins grand de l'ancien possesseur, ou d'après la
valeur littéraire ou historique des notes jointes au
volume. Ainsi, mon ami, si le hasard vous faisait un
jour découvrir un des rarissimes volumes portant
la signature autographe de Molière, payez-le bien
cher, s'il le faut, mais ne le laissez pas échapper, de

grâce. Et, chose presque impossible, si après les recherches longues, minutieuses et infructueuses des curieux et même des érudits, vous arriviez à trouver, soit dans un livre, soit ailleurs, une lettre ou des notes autographes du grand poète comique, ou une de ses pièces, oh! alors votre fortune serait faite. Des bibliophiles et des directeurs de bibliothèques ou de musées publics assiégeraient votre domicile et des ponts de billets de banque vous seraient faits, pour permettre à votre autographe de sortir de chez vous, sans vous laisser trop de regrets.

On recherche aussi beaucoup les volumes annotés ou seulement signés par nos grands classiques français, de même que les lettres écrites par eux ou leurs manuscrits sont l'objet des plus grandes convoitises. J'ai vu une lettre de Corneille se vendre 4,000 francs, il y a deux ou trois ans ; des livres annotés par lui vaudraient aussi fort cher. Les autographes de Racine, La Fontaine, Bossuet, La Bruyère, Pascal, et en remontant plus loin, ceux de Malherbe, Montaigne, Rabelais, sont extrêmement recherchés. Les Anglais font de grandes folies pour une signature de Shakspeare. Tout cela est fort intéressant ; mais gardez-vous, mon ami, des fausses écritures ou des fausses signatures, que quelques chevaliers d'industrie modernes ont mises en circulation. Lorsqu'une pièce autographe vous plaît à acquérir, ne manquez pas de consulter des experts, qui vous diront, presque toujours à première vue, si l'écriture est authentique, tant ils ont l'habitude d'étudier ces sortes de choses. M. Étienne Charavay, qui est archiviste-paléographe, et son cousin, M. Eugène Charavay, ou encore M. Voisin, pourront vous donner à ce sujet tous les renseignements qui vous seront nécessaires.

On trouve plusieurs amateurs d'autographes ou de livres annotés par des écrivains du XVIIIᵉ siècle. Ceux de Regnard, Le Sage, Voltaire, J.-J. Rousseau, Diderot, d'Alembert, Montesquieu, Beaumarchais, Bernardin de Saint-Pierre, André Chénier, sont les plus estimés. D'autres collectionneurs s'attachent à trouver des écrits de la main de personnages célèbres, dans l'histoire ou dans les sciences et les arts, de toutes les époques. Enfin beaucoup de bibliophiles actuels se sont mis à rechercher les autographes de nos célébrités en tous genres, surtout ceux des littérateurs, des artistes du XIXᵉ siècle. Comme ce goût est beaucoup plus facile à satisfaire, le nombre des amateurs augmentant chaque jour, il s'ensuit une rivalité, une émulation, qui font monter les prix ; de sorte qu'on arrivera peut-être prochainement à payer plus cher les autographes intéressants modernes que les anciens.

Il est curieux de joindre à un volume qui nous

intéresse une ou plusieurs lettres autographes ou des notes de l'auteur, surtout lorsque ces notes ou ces lettres sont relatives à l'ouvrage. Les dédicaces d'auteurs, écrites de leur main et signées, donnent encore aux livres un certain charme et en augmentent la valeur. Et lorsque ces lettres, ces notes ou ces dédicaces viennent d'écrivains illustres ou aimés, surtout si ces écrivains n'ont pas prodigué leurs correspondances, les amateurs se les disputent avec tant d'acharnement que le prix en devient parfois très considérable. Telles les lettres d'Alfred de Musset, qui sont d'une grande rareté et dont la moindre, un simple billet signé, se vend de 50 à 100 francs. Quelques-uns de ses manuscrits publiés se trouvaient à la vente faite après le décès de son frère, Paul de Musset. Ils ont atteint de très grands prix ; chaque amateur ou littérateur présent tenait à posséder un souvenir, une relique du charmant poète. Des livres de lui, portant des dédicaces autographes, ont été enchéris à un prix double du prix ordinaire, et des pièces de vers de sa main, signées ou non signées, se sont vendues 150 à 200 francs au moins, quelques-unes même beaucoup plus cher.

Les lettres, ou pièces de vers, ou dédicaces de Victor Hugo, tout en étant recherchées, ont beaucoup moins de valeur. On sait la prodigalité avec laquelle le grand poète a éparpillé ses correspondances. Il n'est guère de personne ayant désiré posséder une de ses lettres, qui n'ait réussi à l'obtenir, même en la lui demandant directement. Ses pièces de vers sont plus rares ; ses *ex dono* existent en grand nombre, et malgré cela on les recherche. Les autographes de Lamartine ne sont guère moins nombreux et valent à peu près autant.

Balzac a écrit une grande quantité de lettres ; mais elles présentent presque toutes un certain intérêt, de même que celles de George Sand. Les livres avec dédicaces ou envois de ces deux illustres écrivains se rencontrent bien plus difficilement que leurs correspondances.

On paye cher encore les autographes de Théophile Gautier et on en rencontre rarement, surtout des pièces de vers signées ou des lettres importantes. Les écrits de Stendhal (H. Beyle), Mérimée, Gérard de Nerval, Henri Murger, Pétrus Borel, Alfred de Vigny, Baudelaire, Auguste Barbier, Thiers, Michelet, Béranger, sont très convoités. Les lettres de Béranger sont nombreuses, mais souvent intéressantes ; on recherche beaucoup les originaux ou copies autographes de ses chansons, pour les placer dans les belles éditions de ses œuvres, en regard des chansons imprimées.

Les bibliophiles joignent souvent aux ouvrages illustrés des lettres ou notes autographes des artistes qui y ont collaboré ; c'est intéressant, lorsque ces lettres ou ces notes ont trait à l'ouvrage et à leurs dessins. On achète beaucoup, pour ce motif, les autographes de Grandville, Gavarni, Henri Monnier, A. de Lemud, Gustave Doré, Charlet, Raffet, Alfred et Tony Johannot, etc.... Les volumes ainsi augmentés présentent un certain attrait ; mais il ne faut pas qu'ils soient bourrés d'autographes, comme nous en avons vu quelques-uns, formés par des amateurs sans goût. Car, mon cher ami, il faut bien avouer avec résignation que dans notre aimable et chère confrérie, il y a bien parfois des gens auxquels le goût manque tout à fait, et aussi le raisonnement, et aussi le bon sens, etc.... Ce qui étonne fort le commun des mortels, qui s'imaginent avec quelque raison, mais d'une façon un peu trop absolue, que les livres devraient leur inculquer tout cela.

A toutes les époques, au temps passé, comme de nos jours, les écrivains eurent l'habitude, en offrant quelques exemplaires de leurs ouvrages, à des amis ou à des personnages de marque, d'écrire sur le premier feuillet une dédicace ou *ex dono*. Les livres qui possèdent ainsi un *ex dono* autographe de l'auteur sont recherchés et acquièrent une plus-value proportionnelle à la célébrité de l'écrivain.

On trouve un certain nombre d'ouvrages du

XVIᵉ siècle et du XVIIᵉ avec la simple mention :
*Pour Monsieur X...,* sur le premier feuillet, puis la
signature de l'auteur. Plus tard, les dédicaces furent
plus étendues et plus respectueuses ; ainsi je possède une des éditions originales de Boileau, avec
cette dédicace autographe du fameux satirique à
l'un de ses frères :

« *Pour Monsieur Boileau, payeur des rentes,
par son très humble et très obéissant serviteur,*
DESPRÉAUX. »

Cette habitude se continua au XVIIIᵉ siècle, et la
formule n'en fut pas sensiblement modifiée.

De nos jours les dédicaces et *ex dono* sont très
nombreux et la forme en est variée à l'infini, tantôt
solennelle, tantôt gaie, tantôt bizarre, tantôt tendre
et passionnée, tantôt fine et mordante. Ce sont
quelquefois des vers, un distique, un quatrain, plus
rarement un sonnet ; mais le plus souvent c'est ce
qu'on appelle simplement un *envoi,* avec les mots,
*A Monsieur un tel...,* ou *A mon ami un tel,* suivi des
mots : *Hommage de l'auteur,* accompagnés d'un ou
de plusieurs qualificatifs.

Les *ex dono* ou envois les plus recherchés d'écrivains de nos jours sont ceux d'Alfred de Musset, de
Victor Hugo, de Théophile Gautier, de Lamartine, de Balzac, d'Émile Augier, de Baudelaire, de

George Sand, de Gérard de Nerval, etc.... Et
lorsque les envois autographes sont accompagnés
de réflexions piquantes ou d'allusions satiriques, ou
de déclarations amoureuses, comme cela arrive souvent quand ils s'adressent à des femmes artistes ou
à des déesses du demi-monde, le volume qui les
porte acquiert quelquefois une grande plus-value.

Voulez-vous que je vous en cite deux ou trois,
que j'ai sous la main? Celui-ci est du spirituel auteur de quelques livres amusants, Gustave Claudin,
qui vient de publier un volume de *Souvenirs* rempli
d'intérêt, quoique un peu suranné.

L'*ex dono* est écrit sur la première page d'un
livre intitulé *Paris,* qui parut en 1862, et il est
adressé à une fameuse « beauté » contemporaine :

« A ma chère Anna Dellion, à la Beauté abso-
« lue. Ce n'est pas à l'hôtel des Trois-Empereurs,
« mais à celui de tous les Dieux que vous devriez
« habiter. Vous êtes belle.

« Gustave Claudin. »

Et au-dessous :

« Pardonnez-moi le chapitre XIII. Il ne vous
« concerne pas. Lisez-le. »

En effet, le chapitre XIII, consacré au Plaisir,
renferme quelques pages assez vives, contre « ces
demoiselles », et l'auteur a fait acte de galanterie,

en prévenant la dame en question avant de la
laisser séjourner devant ce miroir, où elle aurait
pu à peu près se reconnaître.

Un autre, un peu emphatique, quoique plein de
sentiment et de chaleur, écrit par Alexandre Dumas
le père, sur un exemplaire que je possède de sa tra-
gédie *l'Orestie,* parue en 1856 :

« A la mort et à l'exil. — A Dreux et à Guer-
« nesey. — Au duc d'Orléans et à Victor Hugo. —
« Celui qui les a aimés, les aime et les aimera
« éternellement, dédie ce succès de *l'Orestie.*

« ALEXANDRE DUMAS. »

A qui fut donné cet exemplaire, imprimé sur
beau papier vert? Il est probable que l'auteur le
garda chez lui. Dans tous les cas, le rapprochement
de ces noms est curieux.

En voici un tout simple de Victor Hugo, écrit
sur la première édition de *les Rayons et les Ombres :*

« A Madame Delphine de Girardin, vive et res-
« pectueuse admiration.

« VICTOR H. »

Un autre, d'Auguste Vacquerie, sur l'*Enfer de
l'Esprit :*

« Aux pieds de Madame Adèle Hugo.

« AUGUSTE VACQUERIE. »

M^me Victor Hugo avait écrit sur un exemplaire donné à Théophile Gautier, du livre dont elle était l'auteur, *Victor Hugo raconté par un témoin de sa vie,* l'envoi suivant :

« A Monsieur Théophile Gautier, l'un des vail-
« lants lutteurs d'*Hernani*.
« ADÈLE VICTOR HUGO. »

C'était une allusion à la querelle entre romantiques et classiques, qui eut lieu le jour de la première représentation d'*Hernani*. J'ai vu ce livre chez Théophile Gautier, mais je regrette de ne pas savoir quel en est l'heureux possesseur actuel.

Celui-ci, de Victor Hugo, est plus récent. Il se trouve sur la première édition complète des *Châtiments,* publiée après la rentrée du poète en France, en 1870 :

« A mon vaillant et éloquent confrère Jules
« Janin.
« VICTOR HUGO. »

Charles Baudelaire, en publiant les *Fleurs du mal,* avait dédié son livre à Théophile Gautier. Tout le monde connaît sa fameuse dédicace imprimée : « Au poète impeccable, au parfait magicien ès langue française, à mon très cher et très vénéré maître et ami Théophile Gautier, avec les sentiments de la plus profonde humilité je dédie ces Fleurs maladives. C. B. » En offrant son livre à l'auteur de *Mademoiselle de Maupin,* le poète des *Fleurs du mal* écrivit en tête d'un exemplaire tiré sur papier de luxe de l'édition originale :

« Mon bien cher Théophile, la dédicace impri-
« mée à la première page n'est qu'une ombre très
« faible de l'amitié et de l'admiration véritables
« que j'ai toujours éprouvées pour toi. Tu le sais.
                         « CH. BAUDELAIRE. »

Je trouve encore un volume d'Eugène Vermersch, *les Hommes du jour,* une série de biographies courtes et satiriques, publiée il y a une quinzaine d'années, qui contient l'envoi et la réponse que voici :

« A mon cher ami E. Cadol, hommage bien
« dévoué.
                         « EUG. VERMESCH. »

« L'auteur des *Inutiles,* retourne à l'auteur des
« *Hommes du jour,* son livre.
                         « E. CADOL. »

L'exemplaire était renvoyé sans avoir été coupé.

Voici un des premiers *ex dono* d'Octave Feuillet sur la première édition de la pièce *le Roman d'un jeune homme pauvre,* parue en 1859 :

« A Monsieur Chaumont, à son zèle si parfait,
« à son talent si élevé, à son succès mérité.

> « *L'auteur reconnaissant,*
> « OCTAVE FEUILLET. »

L'acteur Chaumont avait créé dans la pièce le rôle du notaire Laubépin.

Il existe déjà plusieurs amateurs de ces dédicaces et, ma foi, je trouve qu'ils ont raison de les rechercher ; car on en trouve quelquefois de très amusantes, que je ne vous citerai pas ici, parce que ma lettre est déjà trop longue et aussi parce qu'elle pourrait tomber entre les mains de « belles et honnestes dames » qui ne me le pardonneraient peut-être pas.

# XVI

L'HISTOIRE de la reliure a déjà été faite plusieurs fois, tant au point de vue technique qu'au point de vue bibliographique ou même au point de vue héraldique. Je vous engage, mon ami, à consulter les différents ouvrages publiés sur ce sujet. La connaissance de cette branche de la bibliographie est très utile, comme vous le verrez. Lisez surtout le petit volume in-12 publié en 1864, par Édouard Fournier, *l'Art de la reliure en France*. Vous aurez sans doute de la peine à trouver ce livre, qui est rare, mais vous êtes si patient et si persévérant ! deux qualités de bibliophile ! Consultez le grand ouvrage de Marius-Michel, un praticien qui arri-

vera, je crois, à laisser une réputation de bon et
habile relieur, en mettant en pratique ses idées
et en s'inspirant des bons principes de ses devanciers. Vous trouverez dans ses deux grands volumes,
*la Reliure française jusqu'à la fin du XVIII<sup>e</sup> siècle,*
paru en 1880, et *la Reliure française, commerciale
et industrielle,* publié en 1881, des documents intéressants et des planches qui reproduisent de curieux
types de reliures.

N'oubliez pas, pour vous faire connaître les styles
et les époques, la marche et les progrès de l'art de
la reliure, de feuilleter les albums de fac-similés, publiés l'un par Bachelin-Deflorenne, il y a plusieurs
années, et l'autre tout récemment par les éditeurs
Rouveyre et Blond. Il y a encore une petite brochure parue à l'époque de l'Exposition de 1878, et
rédigée par un relieur, C. Wynants, dans laquelle
le côté pratique de la reliure, le travail de l'ouvrier
ou de l'artiste, sont traités avec beaucoup de bon
sens et de compétence.

Mais surtout apprenez à connaître les reliures, soit
anciennes, soit nouvelles, en les observant et les
comparant vous-même, en les examinant dans tous
les détails, et aussi en prenant l'avis des anciens amateurs, qui sont encore les plus aptes à vous renseigner
sur ce chapitre. Vous formerez ainsi votre goût et
vous deviendrez connaisseur par la force de l'habitude.

Si vous voulez faire relier vous-même vos livres, — ainsi doit agir tout véritable bibliophile, — sans vous en rapporter exclusivement à votre libraire, comme l'acheteur de volumes « à la toise », commencez par choisir un bon relieur. Dès lors, sans vous laisser entièrement guider par lui, vous pourrez écouter ses conseils.

Vous comprendrez aussi qu'il est utile d'observer et d'étudier les reliures anciennes, autant pour la satisfaction qu'on retire de ces connaissances, dans la conversation avec de vrais amateurs, que pour être apte à donner son avis au relieur auquel on confie ses volumes. En effet, chaque époque a eu son style, en cela comme en toutes choses, et un homme de goût doit toujours s'attacher à faire concorder le genre de la reliure qu'il fait exécuter, avec l'ouvrage lui-même. La date du volume doit guider l'artiste pour l'ornementation de la reliure, et tout vrai bibliophile est tenu de pouvoir renseigner cet artiste.

Ainsi un amateur comme vous, mon ami, doit savoir qu'avant le XVIe siècle les volumes, soit manuscrits antérieurs à l'invention de l'imprimerie, soit imprimés datant des quarante premières années de cette découverte, étaient ordinairement reliés avec des ais en bois. La plupart étaient recouverts de cuir estampé ou repoussé, d'une très grande solidité. En remontant plus loin encore, les manuscrits du moyen âge étaient ornés de reliures en métal, soit en cuivre ciselé, doré ou poli, soit en fer découpé à jour, et souvent avec des incrustations d'émaux ou de pierreries, ou encore avec des sujets en métal repoussé ou en ivoire sculpté. Plusieurs beaux spécimens de ces reliures se trouvaient dans la collection célèbre de feu M. Ambroise Firmin-Didot. Des maisons spéciales, comme celle de M. Gruel-Engelmann, ont quelquefois imité et exécutent encore avec succès des copies de belles reliures de ce genre.

Dans la première moitié du XVIe siècle on relia solidement les livres, en employant soit des plats en bois mince, soit de forts cartons, recouverts le plus souvent de peau de truie ou de cuir, avec dessins à froid. Quelques reliures exécutées pour le roi François Ier, plus tard d'autres faites pour Diane de Poitiers, et quelques-unes aussi ayant appartenu à Henri II, sont conservées encore comme des œuvres d'art.

On ne commença guère qu'en 1520 ou 1530 à employer l'or sur le cuir des reliures. Et il paraît que les premiers ouvriers qui furent chargés de ce travail étaient des « doreurs de bottes », dont le métier consistait d'abord à tracer des arabesques dorées sur les bottes des gentilshommes galants et coquets de l'époque. Il faut dire que dès ce moment les artistes relieurs ou doreurs sur cuir atteignirent à la perfection. On connaît deux noms de doreurs sur cuir qui travaillaient sous Henri II, et peut-être plus tard : Jehan Foucault et Jehan Louvet, ouvriers très habiles que durent employer les relieurs contemporains. Les reliures exécutées pour Charles IX, Catherine de Médicis, sur la plupart desquelles on voit la lettre K reproduite en différents endroits ; celles de Henri III, avec la tête de mort et la devise : *Spes mea Deus ;* celles de Henri IV et de Marguerite de Valois, souvent couvertes de dorures, composées de branches de feuillages, de volutes, d'entrelacs de filets, etc... toutes ces œuvres remarquables d'artistes qui s'appelaient Clovis Ève et Nicolas Ève et autres, sont souvent de véritables bijoux précieux.

N'oubliez pas de remarquer, quand vous en verrez, les reliures faites à peu près vers cette époque, pour un grand amateur, Jean Grolier, lesquelles sont presque toujours ornées de superbes dessins de filets entrelacés, quelquefois en mosaïque, avec une grande science de composition et un goût parfait. La plupart de ces volumes portent d'un côté la devise : *Joh. Grolierii et amicorum,* et de l'autre côté : *Portio mea Domine sit in terra viventium.* Toutes ces reliures sont fort recherchées, de

même que ¦celles d'un autre amateur, ami ¦de Grolier, un Italien, Thomas Maïoli, qui confiait ses
volumes évidemment aux mêmes artistes. Il avait
pris aussi une devise semblable : *T. Maioli et amicorum.* Un autre illustre amateur de livres, Jacques-
Auguste de Thou, fit exécuter des reliures très
riches et admirablement ornées, auxquelles deux
relieurs et libraires du temps, Pierre Gaillard et
Pierre Portier, travaillèrent probablement.

L'examen de toutes ces reliures vous guidera, si
vous avez de beaux et précieux volumes du
XVIᵉ siècle à faire relier, car ce sont là vraiment
d'admirables modèles.

A la fin du règne de Henri IV et dans les premières années du règne de Louis XIII, un habile
ouvrier, nommé Pigorneau, doreur de bottes comme
ceux que nous avons cités, s'était mis à faire de la
dorure de livres pour les relieurs. Il obtint un
grand succès en exécutant ce que nous appelons
aujourd'hui des compartiments à petits fers.

Sous Louis XIII et les premières années du règne
de Louis XIV, la dorure à profusion fut à la mode.
C'est de ce moment que date l'ornementation faite
au pointillé sur un grand nombre de reliures. Un
artiste surtout, celui qui travailla pour Louis XIII et
Anne d'Autriche, le fameux Le Gascon, exécuta de
petites merveilles en ce genre et dépassa de beau-

coup tous ses contemporains. Le temps nous a heureusement conservé un certain nombre d'échantillons des ouvrages de ce maître en son art, qui fut
en même temps un habile ouvrier, car le travail
matériel de ses reliures, ce que nos contemporains
ont nommé le *corps d'ouvrage,* est très soigneusement fait. Cette ornementation au pointillé, dont
le dessin, souvent très compliqué, couvre entièrement les plats des reliures, est d'une grande
richesse. Ce n'est déjà plus l'art majestueux et
large du xvie siècle, mais c'est infiniment gracieux.
A la même époque on fit, aussi bien en Italie qu'en
France, de nombreuses reliures dorées de la même
manière, mais aucune n'approche de la finesse et de
la netteté qui caractérisent celles de Le Gascon.

Vers la fin du xviie siècle, au moment où éclo-
sent les chefs-d'œuvre de nos illustres classiques,
la reliure redevient simple et peu ornée. On com-
prenait sans doute que ces œuvres grandioses ou
sublimes n'avaient besoin d'aucun vêtement cha-
marré pour les faire paraître, et d'ailleurs l'impression elle-même en était peu soignée. Jamais
ouvrages ne furent présentés au public d'une façon
plus austère que les chefs-d'œuvre de Corneille,
Molière, Racine, Pascal, La Fontaine, Boileau,
La Rochefoucauld, Bossuet, La Bruyère, etc...
Jamais volumes ne furent reliés aussi modeste-

ment ; ce qui ne veut pas dire que les reliures fussent mauvaises ou même médiocres.

Plusieurs bons ouvriers dans ce genre se succédèrent depuis 1670 environ jusqu'aux premières années du XVIII<sup>e</sup> siècle. Citons en première ligne, comme des relieurs presque incomparables, au point de vue de la qualité ou de la solidité de la reliure, d'abord Du Seuil, qui employa si souvent, comme dorure, cette double rangée de filets parallèles, l'une au bord, l'autre plus rapprochée du centre de chaque plat de la reliure, avec des coins en losanges dessinés à petits fers, et auxquels on a donné son nom. Ensuite vint le fameux Boyet, qui suivit les mêmes principes, mais en perfectionnant son travail au point de vue de la grâce et de l'élégance. Boyet est, selon nous, le modèle le plus parfait du bon relieur, et les volumes sortis de ses mains, si peu ornés qu'ils soient, font maintenant la joie des grands amateurs, qui ont fini par y attribuer des prix fort élevés.

Du Seuil et Boyet furent les premiers à doubler en maroquin à l'intérieur les plats d'un grand nombre de reliures. Cela avait été fait quelquefois avant eux, mais bien rarement. Nos bibliophiles les plus délicats attachent une grande importance à ces doublures, qui donnent maintenant une plus-value considérable aux livres sur lesquels on les

rencontre. D'ailleurs les reliures de cette époque
ont bravé les injures du temps avec une crânerie
étonnante. La couleur est à peine modifiée, la
dorure a conservé une grande fraîcheur ; et il serait
à désirer que nos maroquins modernes, à l'épiderme
tendre, aux couleurs si variées et si brillantes, résis-
tassent comme ceux-là pendant deux siècles, sans
subir la moindre altération. Mais hélas ! je crains
bien qu'il n'en soit pas ainsi !

Les derniers relieurs véritablement habiles qu'on
peut encore citer avant la décadence du métier, sont
les Padeloup, dont la famille s'occupa de reliure
pendant un demi-siècle environ, depuis 1715 jusque
vers 1760 ; Anguerran, leur contemporain à peu
près ; Bisiaux, qui relia des livres pour M^{me} de Pompadour ; et ensuite les Derome ou De Rome, dont
le plus ancien et le meilleur relieur vivait au
temps des derniers Padeloup.

Le Régent Philippe d'Orléans, qui ne dédaigna
pas le goût des livres, — ce qui prouve une fois de
plus que ce goût n'est pas incompatible avec celui
de la galanterie, — fit relier un certain nombre de
volumes par Padeloup. Il est même possible que ce
fût pour ce prince que le relieur exécuta ses premières mosaïques, jolies œuvres d'art dont nous
connaissons de si curieux spécimens. En effet, nous
avons vu récemment passer en vente, dans la biblio-

22

thèque de M. Ernest Quentin-Bauchart, un intéressant volume illustré de gravures d'après les dessins du Régent, *les Amours pastorales de Daphnis
et de Chloé*, daté de 1718, et sans doute relié la
même année pour le prince, avec une superbe mosaïque portant au milieu les armes de Philippe
d'Orléans. Ce volume appartient aujourd'hui à
M. le comte de Mosbourg.

Les reliures de Padeloup, du premier surtout, se
distinguent de celles de ses devanciers et de ses
contemporains par des cartons plus minces et un
travail d'ensemble plus élégant, sans exclusion de
la solidité. Ce fut aussi le premier relieur qui signa
ses œuvres d'une petite étiquette placée soit au
bas du titre, soit au coin d'un feuillet de garde;
mais toutes ses reliures ne furent pas signées.

L'ancien Derome, qu'on appelle aussi Derome le
père, fut un excellent relieur et ses travaux se rap-
prochent de ceux des Padeloup. Comme eux il signa
ses reliures d'une étiquette portant son nom et son
adresse. Il exécuta aussi quelques mosaïques, que
l'on recherche beaucoup de nos jours.

Un autre relieur ou seulement doreur sur cuir,
Monnier, exécuta, à la même époque que Padeloup
et Derome l'ancien, quelques mosaïques très riches
et d'un dessin original. La plus belle et la plus finie
que j'aie vue se trouve chez un de nos grands

bibliophiles, M. Daguin, et recouvre un autre joli
exemplaire du *Daphnis et Chloé,* 1718, petit in-8°
que je viens de vous citer. En regardant attentive-
ment ce volume, on est convaincu que la reliure
doit être exécutée par Padeloup. Le *corps d'ouvrage*
est pareil à celui des reliures qu'on lui attribue,
les cartons sont minces, les *châsses* courtes, les
*coiffes* fines ; enfin l'ensemble a tout à fait le cachet
des reliures de Padeloup. La mosaïque est signée
*Monnier,* en six endroits. On sait d'ailleurs que
Padeloup et Monnier travaillèrent ensemble.

A la vente Beckford-Hamilton, à Londres, se
trouvaient quelques reliures à mosaïques, portant
la signature de Monnier. La plus importante, à lui
attribuée, mais non signée, avait été faite pour
M^me de Pompadour, sur un exemplaire de la
fameuse édition de *Rodogune,* imprimée en 1760,
*au Nord,* dans les appartements mêmes de la célèbre favorite. Je vous ai déjà signalé ce volume à
propos d'armoiries. Les sujets de la mosaïque sont
larges et cependant finement exécutés. Le format
in-4° a d'ailleurs permis à l'artiste de développer
son dessin. Au milieu de chacun des plats se trouve
la *tour* du blason de M^me de Pompadour.

Une autre mosaïque, également de grand format,
recouvrait l'*Imitation de Jésus-Christ,* édition de
De Beuil. Quoique le dessin japonais avec person-

nages ne soit pas en rapport avec le livre, il faut
dire que l'exécution de cette mosaïque, qui présen-
tait beaucoup de difficultés, est très remarquable.
Monnier avait frappé sa signature en plusieurs
endroits. Ces deux volumes, curiosités de premier
ordre, appartiennent aujourd'hui à un amateur
de merveilles, M. le comte de Sauvage.

Derome le jeune, celui dont on connaît le plus
grand nombre de reliures, celui auquel on doit ces
dos plats qui ont fait pendant bien des années la
joie des bibliophiles, paraît n'avoir pas relié après
1790, époque où Bradel lui succéda. Mais déjà la
décadence de la reliure avait commencé, et le *corps
d'ouvrage* fut si négligé depuis ce moment jusque
vers 1840, que les volumes sortis des ateliers pendant cette période de cinquante ans ressemblaient
assez à des cartonnages recouverts d'une peau mé-
diocrement apprêtée.

Après Bradel, qui se contenta de suivre les tra-
ditions du dernier Derome, une transformation
sérieuse s'opéra dans l'emploi des substances premières destinées à la reliure. Jusqu'à la fin du
XVIII° siècle environ, les peaux avaient été prépa-
rées avec un grand soin, tant au point de vue du
tannage qu'à celui de la teinture et du grain
presque arrondi qui leur donnait un si bel aspect.
C'est grâce à ces soins minutieux que les reliures

les plus anciennes exécutées en maroquin, celles du
XVIᵉ siècle même, ont conservé jusqu'à nos jours
cette solidité et cette fraîcheur de tons qui nous
séduit. Depuis les premières années de l'Empire,
jusqu'en 1840 à peu près, les peaux subirent une
préparation toute différente. Les grains en furent
allongés et on employa souvent du cuir de mouton,
auquel on donna l'aspect de maroquin, au lieu du
cuir de chèvre qui servait à cet usage. Les couleurs,
devenues plus brillantes, étaient aussi moins solides,
sauf le rouge, qui a bravé les injures du temps. Les
meilleurs relieurs de cette époque, Bozérian, Cour-
teval, Lefebvre, Simier, Thouvenin, ne laissent
rien de remarquable, quoiqu'ils aient montré quelquefois, surtout le dernier, Thouvenin, une certaine habileté.

Cependant il faut dire à la louange de ces ouvriers, qu'ils firent preuve d'intelligence et de
bon goût, en conservant presque toujours, sinon
intactes, au moins peu rognées, les marges des
volumes qui leur furent confiés. Le même éloge ne
peut être adressé à tous leurs prédécesseurs du
XVIIIᵉ ou du XVIIᵉ siècle ; car, en général, ceux-là
ne trouvèrent pas toujours utile de joindre cette
qualité à celles qu'on se plaît à leur reconnaître.

Il est évident qu'à toutes les époques que je viens
de vous faire parcourir, de nombreux relieurs exis-

tèrent à côté de ceux que je vous ai cités. Mais la plupart de leurs noms ne sont pas parvenus jusqu'à nous ; et d'ailleurs, mon ami, je n'ai pas la prétention de vous faire ici un cours, mais de vous fournir quelques données, qui suffiront à votre intelligence, je n'en doute pas.

# XVII

A rénovation de la reliure à notre époque est due peut-être autant à la délicatesse du goût des bibliophiles modernes qu'à l'habileté des relieurs eux-mêmes. En effet, pendant la période de décadence que je vous ai signalée, surtout depuis la Révolution jusqu'au règne de Louis-Philippe, peu de belles bibliothèques s'étaient formées, peu de vrais amateurs avaient existé. Une collection de livres précieux était une satisfaction de grand luxe, que pouvaient seuls se donner autrefois la noblesse et les grands financiers. Et comme après la Révolution tout s'était démocratisé, la noblesse de race n'existant plus guère, la noblesse d'argent (!) n'existant pas encore,

et la bourgeoisie n'étant pas alors assez riche pour
songer à des dépenses superflues, tout ce qui était
objet d'art attirait peu l'attention : les livres et les
reliures devaient aussi subir cette crise.

Mais après 1830, la situation financière étant
devenue meilleure, la haute bourgeoisie qui s'enri-
chissait, la noblesse qui avait conservé sa fortune ou
en avait obtenu la restitution, se remirent à acquérir des objets de luxe. Une certaine rivalité excita
l'émulation des amateurs, et, l'amour-propre s'en
mêlant, chacun voulut avoir les plus beaux livres,
ou les plus beaux tableaux, ou les plus beaux bronzes,
ou les plus beaux marbres, etc... Les bibliophiles,
dont le goût se formait au contact des beaux livres
anciens, commencèrent à donner leur avis et ensuite
à imposer leurs idées aux relieurs, lesquels firent de
leur mieux pour contenter des clients devenus très
sérieux et déjà difficiles.

Les progrès de la reliure ne se sont point arrêtés.
et de nos jours cet art est arrivé à atteindre une,
grande perfection.

Ce fut d'abord Purgold, — le contemporain de
Simier et surtout de Thouvenin, — qui recommença
à donner un plus grand soin au travail matériel,
au « corps d'ouvrage », dans la reliure en maroquin.
Bon ouvrier lui-même, il sut s'entourer de gens
habiles, et c'est de son atelier que sortit Bauzonnet

dont le nom devait faire époque dans les annales
de la reliure, surtout accolé à celui de Trautz son
successeur, qui dépassa encore le maître.

Les reliures de Purgold étaient « à dos plat »
comme celles de ses prédécesseurs, mais elles offraient
plus de solidité et plus de fini dans l'exécution. Son
élève, Bauzonnet, réforma graduellement ces dos,
qui manquaient peut-être de grâce, tout en étant
très commodes et en facilitant l'ouverture des volumes. Il les arrondit peu à peu et en amincissant
légèrement les cartons il donna aux reliures un
cachet plus élégant.

Ce fut lui aussi qui commença à remettre à la
mode l'emploi des petits fers pour l'exécution de la
dorure, tandis que depuis de longues années on se
servait presque toujours de plaques gravées frappant
d'un seul coup l'ornementation de chaque plat, ce
qui était plus expéditif mais moins gracieux. On
n'a plus conservé l'habitude d'employer ces plaques
que pour les livres d'étrennes ou de distributions de
prix.

Lorsque Trautz devint chef de l'atelier de Bauzonnet, il accentua encore la forme ronde pour le
dos des reliures, ce qui leur donna une consistance
qu'elles n'avaient pas eu depuis Du Seuil, Boyet et
Padeloup. Mais ce qui fut une grande qualité chez
ces maîtres devint un défaut chez Trautz, car les

23

volumes reliés par ce dernier, surtout ceux qui sont
de petit format et épais, s'ouvrent difficilement,
tant le dos est rond et serré, tandis que les reliures
anciennes de ceux que nous venons de citer s'ouvrent très bien. — Il faut dire, non sans malice, que
plusieurs amateurs bibliomanes ont attaché peu
d'importance à ce défaut, qu'ils ont même considéré
comme un progrès, n'éprouvant jamais, sans doute,
le besoin d'ouvrir leurs livres.

Mais heureusement Trautz a eu un mérite autrement sérieux. Plus spécialement doreur que relieur,
lorsqu'il était ouvrier dans l'atelier de Bauzonnet,
il avait eu l'occasion de perfectionner son art, en
exécutant l'ornementation de reliures de grand luxe,
destinées à de riches amateurs. Devenu à son tour
chef de maison, il continua à se réserver la dorure,
en prenant des ouvriers habiles pour exécuter le
travail matériel de la reliure, préparer ou plutôt
*parer* le maroquin, *endosser* et *couvrir*. Mais l'œil
du maître veilla toujours sur l'ensemble, et c'est
grâce à ces soins minutieux donnés à tous les
travaux sortant de son atelier, que ses reliures ne
tardèrent pas à être fort prisées de la plupart des
bibliophiles.

Plusieurs relieurs actuels, mais surtout Thibaron
et Cuzin, procèdent immédiatement de Trautz ; le
premier fut son ouvrier et le second s'attacha à

prendre ses bons principes, qu'il appliqua ensuite fort habilement. L'un et l'autre sont actuellement de très bons relieurs.

Je tiens à mentionner tout spécialement, à côté de Trautz, un artiste qui existe encore et dont le nom et les travaux vivront avec un certain éclat, quoi qu'en aient dit quelques amateurs trop exclusifs. Je veux parler de Lortic, à qui il serait injuste de ne pas attribuer une large part dans la renaissance de la reliure et surtout de la dorure. Contemporain de Trautz-Bauzonnet, quoique plus jeune, Lortic fut un rival sérieux, et il faut dire que si des biblio- philes lui préférèrent Trautz, il eut aussi un grand nombre de partisans. D'abord Lortic exécuta des reliures beaucoup plus importantes, dans lesquelles il fallut dépenser une bien plus grande science de composition et une bien plus grande habileté d'exé- cution que pour celles de Trautz.

Lortic, très bien secondé par ses fils (qui lui suc- cèdent aujourd'hui), créa un grand nombre de des- sins, souvent fort compliqués, et les exécuta avec succès. Si l'on a pu lui reprocher quelques incor- certions de style, on aurait bien dû aussi mettre en balance la difficulté de trouver une ornementation essentiellement appropriée au genre du livre ou à son époque. On lui demanda des reliures très riches, très ornées, très brillantes, il trouva dans son ima-

gination le modèle de ces reliures, tout en tenant
compte autant que possible de la nature des volumes
ou de leur âge. On voyait à l'Exposition universelle
de 1878 plusieurs reliures d'une grande richesse,
faites par lui et à l'exécution desquelles ses fils
avaient largement collaboré.

La plupart de ses ornements à mosaïque sont des
créations, et les dessins en sont nombreux. Repro-
chez-lui maintenant quelques fautes de goût, trouvez
mauvais qu'il surcharge de dorure toutes ses œuvres,
vous le pouvez. D'autres vous répondront que c'est
là un genre à part, que ce genre plaît à beaucoup
d'amateurs, et qu'en somme un artiste original est
toujours plus méritant qu'un habile copiste.

Trautz a montré beaucoup de goût dans l'exécution de presque toutes ses reliures ; sa manière
de dorer était excellente et donna des résultats
superbes ; son ornementation avait un grand caractère ; tout cela est vrai, soit ; c'est bien à considérer,
et les bibliophiles ont raison d'estimer des travaux
aussi parfaits. Mais Trautz n'a rien ou presque rien
créé ; il a imité les meilleurs artistes anciens, dont
il a su choisir les beaux échantillons. Il a composé
ses grandes dorures en s'inspirant des superbes
*compartiments* à entrelacs du relieur de Jean Grolier, ou des ornements à volutes et à feuillages des
Nicolas Ève et Clovis Ève. Ses belles dorures au

pointillé ou au petit fer microscopique sont souvent copiées sur des reliures de Le Gascon. Il a pris à Padeloup et à Derome les modèles de ses plus importantes mosaïques. Et tout cela est arrangé avec une habileté remarquable; c'est ce qui fait son principal mérite, et c'est aussi sans doute pour cela que les grands bibliophiles, dont le goût est très classique, dont l'œil est habitué aux belles œuvres des anciens relieurs, ont accordé au disciple fidèle de ces artistes une telle préférence.

On peut encore citer comme bons relieurs, quelques-uns de l'époque de Trautz et de Lortic, par exemple Niedrée, Duru, Capé, et parmi les nouveaux, Motte, successeur de Trautz, Cuzin, Thibaron, Lortic frères, successeurs de leur père, Marius-Michel et fils, d'anciens doreurs qui se sont mis depuis quelques années à relier, M^{me} Reymann, Amand, Chambolle, successeur de Duru, David, etc. Quelques-uns font surtout de la demi-reliure d'amateur, avec dos et coins de maroquin, et ils excellent en ce genre; ce sont : David, Roussel, Raparlier, Affolter, M^{me} Brany, Smeers, etc... Quel que soit le relieur que vous choisissiez entre tous ceux-là, vous aurez de bon travail, pourvu toutefois que vous ne le pressiez pas trop; car, chez de tels ouvriers, les reliures ne se font pas par douzaines ou par grosses, comme dans les ateliers spéciaux où les volumes sont reliés presque à la vapeur, par des moyens mécaniques.

En général il faut que vous ayez la patience d'attendre au moins six mois à un an pour des reliures pleines en maroquin, bien faites, et au moins deux mois pour des demi-reliures. En voici la raison : les bons relieurs n'ont pas autant d'ouvriers que les relieurs de commerce ; ils n'en ont pas moins beaucoup de clients et des clients difficiles, ce qui les force à travailler lentement, pour soigner leurs œuvres. Ensuite ils commencent leurs reliures par séries d'un même genre, par *trains,* comme ils disent, de quarante ou cinquante, ou cent, suivant leur personnel. Chaque partie de la reliure de ces volumes s'exécute en même temps pour tous, et quand toute la série est terminée, on en commence une autre. Quand vous donnez des livres à relier, il est évident que plusieurs séries ont pris rang avant vous ; vous devrez attendre le *train* dans lequel passeront vos volumes. Et pour que les reliures soient réussies, il faut que le collage de chaque partie soit très sec avant de passer à une autre partie ; c'est ce qui fait que l'ensemble du travail exige un temps assez long.

Un grand ennui, qu'il fallait subir quand on donnait un livre à relier chez Trautz-Bauzonnet, par exemple, c'était d'attendre souvent plusieurs années. Cet artiste n'avait qu'un ouvrier et par conséquent produisait peu, voulant tout voir et repasser par lui-même.

Voici, mon ami, quelques recommandations bonnes à vous rappeler, quand vous ferez relier un volume. Lorsque vous commandez une reliure pleine, — entièrement recouverte de maroquin ou de veau, — faites rogner légèrement les tranches, pas plus qu'il ne faut pour les dorer. Si c'est une demi-reliure que vous désirez, avec coins en maroquin comme le dos, ne faites rogner que la tranche supérieure, qui devra être aussi dorée, tandis que les autres tranches resteront à leur état naturel, avec marges intactes. Ceci est le grand genre de notre époque.

Il est de mode aussi de relier avec le livre la couverture entière de la brochure, de sorte que le volume reste sous le maroquin, tel qu'il a paru. J'approuve ce système, qui s'explique seul lorsqu'il s'agit de couvertures illustrées de gravures, lesquelles sont curieuses à conserver; et pour faire comprendre qu'on garde même des couvertures simplement imprimées, il faut dire qu'elles contiennent souvent des renseignements qu'on ne trouverait pas ailleurs. A notre époque de documents précis et méticuleux, quelques mots ou quelques lignes ont parfois de l'importance.

Faites relier en plein maroquin les ouvrages d'un réel mérite littéraire, soit anciens, soit modernes, et pour ces derniers choisissez autant que possible des exemplaires imprimés sur papier supérieur. Cela a été fait et se fait encore pour la plupart des volumes publiés de nos jours, comme cela se faisait autrefois pour quelques ouvrages les plus intéressants.

Les livres de travail demandent de bonnes et solides reliures, avec dos et coins de maroquin et plats en carton recouverts de papier. (La toile ou la percaline estampées à froid ou dorées, comme recouvrement des plats, n'ont aucun cachet et ne se mettent que sur les livres d'étrennes pour enfants ou de distributions de prix.) Les romans, les poésies, les critiques, les biographies, doivent être aussi reliés de la même façon. Cependant je vous engage, en ce qui concerne les volumes auxquels votre goût et le sentiment du public assignent un mérite hors ligne, qui sont destinés par cela même à acquérir une plus grande valeur, à les faire provisoirement cartonner d'une certaine façon, qui les conserve presque intacts. Cela vous permettra plus tard de leur donner la reliure qui leur convient, quand, l'opinion et le temps ayant consacré votre goût, vous serez décidé à en faire la dépense. Dans ce cas, je vous conseillerai de vous adresser à un relieur

spécialiste, nommé Carayon, qui a trouvé le moyen
de donner à des cartonnages de ce genre un caractère aussi gracieux qu'original. D'autres relieurs,
par exemple Pierson, Lemardeley, Gayler-Hirou,
Pouillet, Raparlier, les exécutent aussi avec soin.

Voici une anecdote sur la reliure, pour terminer
cette lettre. Un relieur m'a raconté qu'ayant été
autrefois appelé par M. Thiers, pour prendre un
certain nombre de volumes de divers formats, le
grand historien le conduisit devant un rayon de sa
bibliothèque, dont il lui fit mesurer l'écartement,
en lui disant : « Arrangez-vous pour que tous les
volumes soient rognés de façon à entrer dans ce
rayon. — Mais, Monsieur, les in-12 seuls pourront entrer ici, et pour les in-8 ce sera impossible.
— Comment, impossible! s'écria l'homme d'État,
je les ai mesurés, et en les réduisant à la taille des
in-12 cela ira fort bien ; il suffit qu'on puisse lire le
texte ; les marges ne signifient rien. »

Je ne vous engage pas, mon ami, à suivre l'exemple de cet illustre niveleur de volumes, qui faisait
abattre des marges, comme le Grand Cardinal faisait abattre des têtes, quand elles étaient trop
hautes et qu'elles le gênaient. Cela prouve qu'on
peut être un écrivain éminent et un habile politi-
cien sans être bibliophile ; mais cela ne prouve
pas qu'un bibliophile ne puisse être un grand

homme. Jacques-Auguste de Thou, Richelieu, Colbert, le prince Eugène de Savoie, aimaient les livres
et les faisaient relier avec luxe ; ce n'étaient pas là
des pygmées, je pense !

# DERNIERS MOTS

VOILA mon premier recueil terminé. J'avoue que j'éprouve une grande émotion en le livrant au public spécial, délicat et pointilleux des bibliophiles. Sera-t-il lu seulement? Daignera-t-on y prendre un peu d'intérêt?

Si, par hasard, quelqu'un allait prétendre que ce volume ne renferme pas même trois bonnes pages, il aurait tort, car j'ai composé celles qui suivent avec quelques aphorismes tirés des meilleurs ouvrages écrits sur le goût des livres.

Richard de Bury, grand chancelier d'Angleterre au XVIᵉ siècle, a laissé un fameux ouvrage, inti-

tulé *Philobiblion,* dans lequel il se montrait déjà
ardent bibliophile. J'en extrais ceci :

« Les livres nous charment lorsque la prospérité
nous sourit, ils nous consolent lorsque la mauvaise
fortune semble nous menacer ; ils donnent de la
force aux conventions humaines et sans eux les
graves jugements ne se prononcent pas.

« Les arts et les sciences résident dans les livres
et aucun esprit ne suffirait à exprimer le profit
que l'on peut en tirer.

« En retournant ce que Sénèque nous apprend
dans sa 84ᵉ lettre, « que l'oisiveté sans livres est
« la mort et la sépulture de l'homme vivant »,
nous conclurons incontestablement que le commerce des lettres et des livres constitue la vie... »

A côté de cette apologie enthousiaste des livres
pour ce qu'ils contiennent, je place deux remarques
plus sceptiques et tout aussi justes. La première
est de d'Alembert :

« L'amour des livres, quand il n'est pas guidé
par la philosophie et par un esprit éclairé, est une
des passions les plus ridicules. Ce serait à peu près
la folie d'un homme qui entasserait cinq ou six
diamants sous un monceau de cailloux. »

L'autre est un peu le pastiche de celle-là, mais l'auteur, M. de Sacy, a eu soin de l'idéaliser, tout en accentuant encore le côté satirique :

« Le goût des livres, quand il n'est pas la passion d'une âme honnête, élevée et délicate, est le plus vain et le plus puéril de tous les goûts. »

Jules Janin, dans sa petite plaquette : *l'Amour des livres,* — que je regrette presque d'avoir jugée un peu cavalièrement en quelque endroit de mes lettres, — a écrit des pensées plus encourageantes :

« Les livres ont encore cela d'utile et de rare : ils nous lient d'emblée avec les plus honnêtes gens ; ils sont la conversation des esprits les plus distingués, l'ambition des âmes candides, le rêve ingénu des philosophes dans toutes les parties du monde ; parfois même ils donnent la renommée, une renommée impérissable, à des hommes qui seraient parfaitement inconnus sans leurs livres...

« Accordez-nous, grands dieux, une provision suffisante de beaux livres, qui nous accompagnent dans notre vie, et nous servent de témoignage après notre mort. »

Et Jules Richard, dans l'*Art de former une*

*bibliothèque* : « Après avoir profité de tous les
biens de ce monde dans la juste mesure de mes
moyens et de mes forces, je puis, sans hypocrisie,
constater ici que, de toutes les jouissances, celles
qui proviennent de l'amour des livres sont, sinon
les plus vives, tout au moins les plus facilement
et les plus longtemps renouvelables. »

C'est, en quelques phrases, le vrai code moral,
philosophique et sensé de la bibliophilie.

# TABLE

                                                 Pages.

PRÉFACE. . . . . . . . . . . . . . . . . . . . . . . . . . .   I

DÉCLARATION.. . . . . . . . . . . .  . . . . . . . . . . . . .   III

### LETTRE I

De la bibliophilie. — Du goût de la lecture. — Comment on
devient bibliophile. — Il ne faut pas prêter ses livres. Deux
devises opposées sur ce sujet. — Il faut savoir discerner les
bonnes éditions des mauvaises. . . . . . . . . . . . . . . .   I

### LETTRE II

De la tendance à acquérir beaucoup de livres, sans choix
raisonné. — Des goûts différents de chaque amateur. —
Folie de ceux qui voudraient avoir tous les livres intéressants. — De l'urgence d'acheter des ouvrages de bibliographie. — Énumération des principaux ouvrages de ce genre,   9

### LETTRE III

Réflexions sentimentales et physiologiques sur la lecture et
sur l'amour des livres. — Du goût des livres comme trai-

Pages

tement des maladies de l'âme. — Un livre est un ami qui
ne *trahit* jamais. . . . . . . . . . . . . . . . . . . . . . .   19

### LETTRE IV

Nouveaux ouvrages de bibliographie à acquérir. — Variations du prix des livres et de la mode en bibliophilie. — Le
goût des amateurs se modernise. — Livres du xviiie et du
xixe siècle. — Guides relatifs à ces ouvrages. . . . . . . .   31

### LETTRE V

Des moyens de composer une bibliothèque. — Opinion de
Jules Janin sur la manière d'acheter des livres. — Nécessité
d'avoir des volumes dont le texte intéresse d'abord et contienne des documents. — Des volumes achetés pour leur
reliure ou leur provenance. — De la vanité chez les bibliophiles. — Ouvrages littéraires anciens. — Éditions *princeps*
d'Homère et de Virgile. — Méthode pour dresser un catalogue de ses livres. . . . . . . . . . . . . . . . . . . . . .   39

### LETTRE VI

Les éditions originales des grands classiques français du xviie
siècle; leur valeur actuelle comparée à celle de 1845 environ; leur rareté. — Éditions originales du *Cid*, de *Sganarelle* et des *Plaideurs*, rarissimes. — Les *Femmes savantes*,
édition datée de 1672. — Éditions collectives des œuvres de
Corneille, Molière, Racine, etc.... — Premières éditions de
tous les bons écrivains. — Les meilleurs auteurs du xviiie
siècle. — Paul et Virginie, de 1789, avec figures de Moreau.
— Petite collection Didot et Bleuet. — Ouvrages du xviiie
siècle, souvent insipides, mais ornés de gracieuses vignettes.
— Choix à faire dans les volumes de cette époque. . . . .   47

### LETTRE VII

Littérature du xixe siècle. — Premières éditions de nos grands
poètes. — Lamartine, Victor Hugo, Alfred de Musset,

Pages.

Alfred de Vigny. — Divers ouvrages de Stendhal et de
Théophile Gautier. — Folies faites à propos de *Mademoiselle
de Maupin*. . . . . . . . . . . . . . . . . . . . . .  57

## LETTRE VIII

Charles Dovalle, le *Sylphe ;* J.-G. Farcy, *Reliquiæ.* — Premières éditions de quelques ouvrages de Mérimée, de Balzac,
George Sand, Jules Sandeau, Sainte-Beuve. — Écrivains
contemporains : Alexandre Dumas fils, Octave Feuillet,
Henri Murger, Charles Baudelaire, Gustave Flaubert, Théodore de Banville, Albert Glatigny, Alphonse Daudet, etc.   67

## LETTRE IX

Livres illustrés du XIXe siècle. — *Paul et Virginie.* — Les
*Contes* de Perrault. — *L'Expédition des Portes de Fer.*
— *Chants et chansons populaires de la France.* — *Notre-
Dame de Paris.* — La *Peau de chagrin.* — *Chansons* de
Béranger. — Le *Livre des Orateurs.* — Le *Musée Dantan.*
— Ouvrages illustrés par J.-J. Grandville. — La Pléiade. —
Les *Français peints par eux-mêmes.* — Le *Diable à Paris.* —
Ouvrages illustrés par Gavarni. — Œuvres de H. de Balzac.
— Volumes illustrés par Gustave Doré. — La Caricature. —
*Jérôme Paturot.* — *L'Assemblée nationale comique.* — La
*Revue Comique,* les *Robert Macaire.* — la *Correctionnelle.*
— Ouvrages illustrés de gravures à l'eau-forte. — Volu-
mes d'Alfred Delvau. — Collections Jouaust et Lemerre.
— Œuvres de Molière, avec dessins de Leloir. — Divers
ouvrages illustrés par Lalauze, Hédouin, Worms, etc.... —
Livres publiés par l'éditeur Conquet, avec gravures au burin
et gravures sur bois. — Les reproductions d'anciennes gra-
vures. — La *Bibliographie des ouvrages illustrés du
XIXe siècle.* . . . . . . . . . . . . . . . . . . . .  75

## LETTRE X

Ouvrages antérieurs au XVIIe siècle. — Le *Roman de la Rose ;*
Les *Cent Nouvelles nouvelles.* — Éditions anciennes de

Pages,

Boccace. — Premières éditions de Gringoire, de Coquillart. Romans de chevalerie. — Œuvres de Villon, Clément Marot, Marguerite de France, reine de Navarre, Louise Labé, Pernette du Guillet, Bonaventure Des Périers. — Premières éditions des livres séparés de Rabelais; ses Œuvres complètes. — Poètes de la fin du xvie siècle, jusqu'à Malherbe exclusivement. . . . . . . . . .. . . . . . . . 93

### LETTRE XI

Les manuscrits enluminés, du xiiie au xve siècle. — Les manuscrits plus anciens. — Ceux qui sont les plus estimés. — L'école française. — Les écoles de Paris, de Bourgogne et de Touraine. — L'école flamande et l'école italienne. — Les peintures en grisaille, fort recherchées. — Quelques manuscrits de la collection Didot. — Le fameux « Évangéliaire » de Charlemagne. — L'écriture aux différents siècles. — L'art aux époques carlovingiennes, à l'époque gothique et à l'époque de la Renaissance. — Divers artistes du xve siècle. — Nécessité d'apprendre à bien connaître les manuscrits. — Disette d'œuvres calligraphiques dans la seconde moitié du xvie siècle. — Les écrivains sous Louis XIII et Louis XIV. —Jarry, la *Guirlande de Julie*, etc. 105

### LETTRE XII

Variations du goût des bibliophiles; relations des amateurs avec les libraires. — Anciens bibliophiles désintéressés. — Spéculateurs qui ont causé la hausse exagérée et ensuite la baisse du prix des livres. — Les amateurs nouveaux, acheteurs de livres modernes. — L'éclectisme en bibliophilie. 115

### LETTRE XIII

Idées bizarres des femmes sur le goût des livres; prétendue influence de ce goût sur les relations matrimoniales. — Réfutation de ces idées. — La bibliophilie bien ordonnée, au

Pages.

point de vue spéculatif, que les femmes ne dédaignent pas.
— Agrément de lire un ouvrage dans un volume bien imprimé et de bel aspect. — Satisfaction de trouver immédiatement sous la main un livre qu'on veut relire. — Comparaison des bibliophiles avec les autres collectionneurs. —
Anecdote positive et financière sur les avantages qu'on peut
retirer d'une bibliothèque bien choisie. — Derniers conseils
aux femmes. — Princesses et grandes dames bibliophiles, du
temps passé et de nos jours............... 123

## LETTRE XIV

Armoiries et provenances des volumes. — Armoiries anciennes fort recherchées, armoiries modernes dépréciées ;
motifs de cette différence. — Personnages dont les armoiries augmentent beaucoup le prix des livres. — Qualité des
reliures armoriées, influant sur le prix. — Les *ex libris*. 137

## LETTRE XV

Annotations ou signatures des personnages célèbres. — Signature de Molière très précieuse ; ses autographes introu-
vables. — Volumes annotés par les écrivains célèbres de
diverses époques. — Dédicaces d'auteurs ; autographes
joints aux volumes. — Lettres de nos grands écrivains
modernes ; celles qui sont les plus recherchées. — Les
dédicaces ou *ex dono*. — Quelques *ex dono* curieux. . . . 149

## LETTRE XVI

Reliures et relieurs. — Histoire de la reliure ; ouvrages à
consulter sur ce sujet. — Utilité de connaître les reliures
anciennes. — Genres de reliures différents suivant les
époques. — Relieurs célèbres depuis le xvie siècle jusqu'à la
fin du xviiie. — Goût du Régent, Philippe d'Orléans, pour
les belles reliures. — Mosaïques. — Décadence de la reliure
au commencement de notre siècle et jusque vers 1840. . . 161

## LETTRE XVII

Pages.

Reliures modernes. — Causes de la rénovation de l'art de la reliure. — Les meilleurs relieurs, Purgold, Bauzonnet, Trautz, Lortic, Niedrée, Duru, Capé, Cuzin, Thibaron, Marius-Michel, M<sup>me</sup> Reymann, Amand, Chambolle, David, etc. — Les bons relieurs de second ordre; demi-reliures. — Patience nécessaire pour obtenir de bonnes reliures. — Recommandations utiles pour faire approprier le genre de reliure à l'ouvrage lui-même. — Anecdote sur M. Thiers, à propos de reliures. . . . . . . . . . . . . . . . . . . . 175

Derniers mots. . . . . . . . . . . . . . . . . . . . . 187

*Achevé d'imprimer*

PAR

GEORGES CHAMEROT

POUR

JULES LE PETIT

*bibliophile*

le 26 avril 1884.

PARIS. -- TYP. G. CHANEROT. -- 15746.

www.ingramcontent.com/pod-product-compliance
Lightning Source LLC
Chambersburg PA
CBHW071944090426
42740CB00011B/1815